A Magia Divina das Sete Ervas Sagradas

Rubens Saraceni

A Magia Divina das Sete Ervas Sagradas

© 2025, Madras Editora Ltda.

Editor:
Wagner Veneziani Costa (*in memoriam*)

Produção e Capa:
Equipe Técnica Madras

Fotos Internas:
Sônia Regina de Oliveira

Revisão:
Arlete Genari
Flávia Ramalhete
Renata Brabo

Dados Internacionais de Catalogação na Publicação (CIP)
(Câmara Brasileira do Livro, SP, Brasil)

Saraceni, Rubens
A Magia Divina das Sete Ervas Sagradas/Rubens Saraceni. – São Paulo: Madras, 2025. 4 ed.

ISBN 978-85-370-0568-2

1. Magia 2. Ervas Sagradas 3. Umbanda (Culto)
I. Título.

10-01240   CDD-299.672

Índices para catálogo sistemático:
1. Ervas sagradas: Rituais: Umbanda:
Religiões afro-brasileiras 299.672

É proibida a reprodução total ou parcial desta obra, de qualquer forma ou por qualquer meio eletrônico, mecânico, inclusive por meio de processos xerográficos, incluindo ainda o uso da internet, sem a permissão expressa da Madras Editora, na pessoa de seu editor (Lei nº 9.610, de 19.2.98).

Todos os direitos desta edição reservados pela

MADRAS EDITORA LTDA.
Rua Paulo Gonçalves, 88 — Santana
CEP: 02403-020 — São Paulo/SP
Tel.: (11) 2281-5555 – (11) 98128-7754
www.madras.com.br

Índice

Apresentação..........9
Comentário sobre os Tronos de Deus..........15
Quais São as Sete Ervas Sagradas?..........19
Os Princípios Mágicos das Plantas..........23
O Que é um Princípio Mágico Ativo..........27
A Seiva Vegetal Viva e Divina..........31
As Irradiações Vegetais..........33
Identificação dos Tronos Divinos na Magia das Ervas..........37
Os Seres da Natureza "Vegetal"..........41
As Vibrações Vegetais..........47
Os Espaços Mágicos Vegetais..........49
Iniciações nos Mistérios..........51
O Elemento Vegetal nas Religiões e na Magia..........53
Magias Vegetais – Magia com as Raízes..........59
    Beterraba..........60
    Cenoura..........60
    Mandioca..........61
    Gengibre..........61
    Mandrágora..........61
    Inhame..........61
Os Caules na Magia das Sete Ervas..........63
Ramas, Trepadeiras e Cipós na Magia das Sete Ervas..........65
As Folhas na Magia das Sete Ervas Sagradas..........67

As Flores na Magia das Sete Ervas Sagradas 69
As Frutas na Magia das Sete Ervas Sagradas 71
As Sementes na Magia das Ervas 81
Os Pós Vegetais na Magia das Ervas. 83
O Cajado na Magia das Sete Ervas. 87
Apostila Informativa do Curso de Magia das Ervas 89
   Plantas Pteridófitas 89
   Plantas Gimnospermas 91
   Planta Angiospermas. 93
      Raiz 93
      Caule 94
      Folha 94
      Flor 96
   Polinização e Fecundação 98
      Fruto 99
      Dispersão. 100
      Semente. 100
      Germinação. 101
   Fotossíntese. 102
   Respiração. 102
   Outros, Além do Verde 103
      Carotenoides. 103
      Antocianinas. 104
      Fitocromo 104
   As Frutas. 104
      Abacate (*Persea gratissima*; *Laurus persea*) 104
      Abacaxi (*Ananas saivus*) 105
      Amora (*Morus nigra*; *Morus alba*). 105
      Abiu (*Lucuma caimito*). 106
      Abricó-do-pará (*Mammea americana*). 106
      Ameixa (*Prunus domestica*). 106
      Amêndoa (*Prunus amygdalus*). 107
      Azeitona (*Olea europaea*) 107
      Banana (*Musa paradisiaca*, *Musa sinensis*, *Musa sapientium*) . . 107
      Caju (*Anacardium ocidentalis*). 108
      Caqui (*Diospyros kaky*) 108
      Carambola (*Averrhoa carambola*) .109
      Castanha (*Castanea vulgaris*). 109
      Castanha-do-pará (*Bertholletia excelsa*) 109
      Cereja (*Prunus cerasus*). 109

Cidra (*Citrus cedra*) 110
Coco (*Cocos nucifera*) 110
Damasco (*Prunus armeniaca*) 111
Figo (*Ficus carica*) 111
Figo-da-índia (*Opuntia ficus-indica*) 112
Framboesa (*Rubus idaeus*) 112
Fruta-do-conde (*Anoma squamosa*) 112
Fruta-pão (*Artocarpus incisa*) 113
Goiaba (*Psidium guayava*) 113
Groselha Preta (*Ribes nigrum*) 113
Groselha Vermelha (*Ribes rubrum*) 114
Jaca (*Artocarpus integrifólia*) 114
Jenipapo (*Genipa americana*) 114
Laranja (*Citrus sinensis*) 115
Lima (*Citrus limetta*) 115
Limão (*Citrus limonum*) 115
Maçã (*Pyrus malus*) 116
Mamão (*Carica papaya*) 116
Manga (*Mangifera indica*) 117
Maracujá (*Passiflora macrocarpa*) 117
Marmelo (*Pyrus cydonia*) 118
Melancia (*Cucúrbita citrullus*) 118
Melão (*Cucumis melo*) 118
Morango (*Fragaria vesca*) 119
Nêspera (*Eribotra japonica*) 119
Noz (*Juglans regia*) 120
Pera (*Pyrus communis*) 120
Pêssego (*Prunus pérsica*) 120
Romã (*Punica granatum*) 120
Sapoti (*Achras sapota*) 121
Tâmara (*Phoeniz dactylifera*) 121
Tamarindo (*Tamarindus indica*) 121
Tangerina (*Citrus nobilis*) 121
Uva (*Vitis vinfera*) 122
Amendoim (*Arachis hypogaea*) 122
As Hotaliças 123
Abóbora (*Cucúrbita pepo*) 123
Acelga (*Beta vulgaris*) 123
Agrião (*Nasturtium officinale*) 123
Aipo (*Apium graveolens*) 124

Alcachofra (*Cynara scolymus*)..........................124
Alface (*Lactuca sativa*) 124
Alho (*Allium sativum*) 125
Batata (*Solanum tuberosum*)...............................126
Beldroega (*Portulaca oleracea*) 126
Berinjela (*Solanum melongema*) 126
Beterraba (*Beta vulgaris*)................................126
Brócolis (*Brassica oleracea, var. botrytis asparagoides*).....127
Caruru (*Amaranthus flavus*)..............................127
Cebola (*Allium cepa*) 127
Cenoura (*Daucus carota*).................................128
Chicória (*Chicorium intybus, Cricorium endivia*) 128
Couve (*Brasica oleracea*)................................129
Couve-flor (*Brassica oleracea, var. borytis*)...............129
Dente-de-leão (*Taraxacum officinale*) 129
Espargo ou Aspargo (*Asparagus officinalis*)...............129
Espinafre (*Spinacia oleracea*) 130
Feijão (*Phaseolus vulgaris*) 130
Nabo (*Brassica napus*)..................................131
Pepino (*Cucumis sativus*)................................131
Pimentão (*Capsicum cordiforme*)...........................131
Quiabo (*Hibiscus esculentus*).............................132
Rabanete (*Raphanus satisvus var. radícula*)..............132
Rábano (*Raphanus sativus, var.niger*) 132
Repolho (*Brassica oleracea capitata*) 133
Salsa (*Proteselium sativum*).............................133
Soja (*Glycine híspida*) 133
Tomate (*Solanum lycopersicum*) 134
Bibliografia..135
Espaços Mágicos Vegetais 137

Apresentação

A Magia Divina, aberta para o plano material pelo espírito mensageiro Seiman Hamiser Yê no ano de 1999, e que vem sendo ensinada por mim desde esse ano sem interrupção, já formou muitos milhares de pessoas em seus graus internos, sendo que a Magia Divina das Sete Chamas Sagradas fechou sua egrégora básica em 2006 com 7.777 Magos do Fogo, todos formados em uma forma muito prática de se trabalhar problemas de fundo espiritual ou material.

De grau em grau, a Magia Divina foi abrindo seus 21 graus iniciáticos, com cada um fundamentado em um elemento, sentido ou mistério sagrado.

O terceiro grau aberto foi a Magia Divina das Sete Ervas Sagradas, fundamentada em Deus e nos Tronos regentes e guardiões dos mistérios "vegetais" ou como o denominamos: "das Sete Ervas Sagradas".

É claro que trabalhos magísticos, com elementos vegetais, são tão antigos quanto a própria humanidade.

O fator inovador foi a forma de essa magia ser praticada; foi a gama de novos conhecimentos que esta trouxe e o fato de poder ser praticada por todas as pessoas independentemente de suas formações religiosas.

Sim, a Magia Divina é um sistema de práticas magísticas todo voltado para a iniciação e a religação dos iniciados com os poderes divinos, sustentadores da criação, poderes esses que são eternos, estáveis e imutáveis, ainda que "religiosamente" já tenham recebido muitos nomes em todas as línguas terrenas.

Mas, independentemente dos cultos religiosos sustentados por esses poderes, eles são anteriores a todas as religiões e são superiores a cada uma delas porque "governam" a criação divina em seu todo, e não só no nosso planeta.

Um Trono está para toda a criação e, por ser em si uma divindade-mistério, pode ser "humanizado" segundo a concepção do seu "idealizador" e adapta seu poder divino às necessidades evolucionistas dos adeptos de religiões aparentemente diferentes entre si.

Mestre Seiman Hamiser Yê nos trouxe todo um conhecimento sobre os Tronos divinos e aprendemos muito, a partir daí, transcendendo a limitada visão religiosa que tínhamos até então, expandindo nossos horizontes espirituais e magísticos, assim como nos depurou de ranços dogmatizadores desenvolvidos pela humanidade no decorrer dos milênios e das muitas religiões já criadas ou fundadas por espíritos encarnados sujeitos às influências do meio onde "nasceram" e da cultura religiosa vigente na época em que viveram na Terra.

A abertura do mistério "Tronos de Deus" proporcionou-nos um salto de qualidade na nossa religiosidade e nas nossas expectativas sobre Deus e de como Ele atua em nosso benefício, amparando-nos e conduzindo-nos, conscientes ou inconscientes sobre Sua existência.

Esse "salto qualitativo" também depurou nossos conhecimentos anteriores de falsas verdades e de conceitos distorcidos sobre o mundo espiritual e o plano divino da criação, habitado por divindades-mistérios de Deus.

Tudo assumiu sentido no campo religioso e nas nossas práticas mágicas de então, proporcionando-nos uma compreensão elevada das práticas realizadas pelos guias espirituais que nos assistem e atuam por meio de pessoas possuidoras de faculdades mediúnicas.

Ficamos sabendo que os Tronos divinos assentados por Deus no plano divino da criação são em si divindades-mistérios que podem ser invocadas, ativadas e direcionadas em nossas ações mágicas, por meio dos sete sentidos, dos sete elementos, dos sete símbolos sagrados, etc.

Os sete sentidos divinos são estes:

Sentido da Fé
Sentido do Amor
Sentido do Conhecimento
Sentido da Justiça
Sentido da Lei
Sentido da Evolução
Sentido da Geração

Os sete elementos sagrados são estes:

Elemento Cristalino
Elemento Mineral
Elemento Vegetal
Elemento Ígneo
Elemento Eólico
Elemento Telúrico
Elemento Aquático

Os sete símbolos sagrados são estes:

Símbolo Sagrado da Fé ou Cristalino
Símbolo Sagrado do Amor ou Mineral
Símbolo Sagrado do Conhecimento ou Vegetal
Símbolo Sagrado da Justiça ou Ígneo
Símbolo Sagrado da Lei ou Eólico
Símbolo Sagrado da Evolução ou Telúrico
Símbolo Sagrado da Geração ou Aquático

E, dentro do simbolismo, temos mais uma forma de nomeação dos poderes divinos que é esta:

Mistério dos Sete Triângulos Sagrados
Mistério das Sete Cruzes Sagradas
Mistério dos Sete Pentágonos Sagrados
Mistério dos Sete Hexágonos Sagrados
Mistério dos Sete Heptágonos Sagrados
Mistério dos Sete Octógonos Sagrados
Mistério dos Sete Círculos Sagrados

Sendo que, no Mistério dos Sete Triângulos Sagrados, temos esta nomeação:

Mistério do Sagrado Triângulo da Fé
Mistério do Sagrado Triângulo do Amor
Mistério do Sagrado Triângulo do Conhecimento
Mistério do Sagrado Triângulo da Justiça
Mistério do Sagrado Triângulo da Lei
Mistério do Sagrado Triângulo da Evolução
Mistério do Sagrado Triângulo da Geração

Ou esta nomeação:

Mistério do Sagrado Triângulo Cristalino
Mistério do Sagrado Triângulo Mineral
Mistério do Sagrado Triângulo Vegetal
Mistério do Sagrado Triângulo Ígneo
Mistério do Sagrado Triângulo Eólico
Mistério do Sagrado Triângulo Telúrico
Mistério do Sagrado Triângulo Aquático

E assim com os Mistérios das Setes Cruzes, dos Sete Pentágonos, etc.
Observem que o simbolismo é usado para identificar poderes divinos que não receberam nomes terrenos, cujos nomes sagrados não nos foram revelados e só são conhecidos pelos espíritos guardiões de mistérios que vivem e evoluem já na 5ª faixa vibratória ascendente.

Mas, se não conhecemos aqui no plano material os nomes sagrados ou "mântricos" dos poderes divinos, no entanto, nos é permitido nomeá-los e invocá-los por meio dos seus nomes simbólicos.

Com isso, temos uma nomenclatura que é uma fórmula invocatória aceita pelos poderes divinos, que é esta:

Tronos Regentes e Guardiões do Mistérios dos Sete Triângulos Sagrados.

Tronos Regentes e Guardiões do Mistério das Sete Cruzes Sagradas.

Tronos Regentes e Guardiões do Mistério dos Sete Pentágonos Sagrados.

Tronos Regentes e Guardiões do Mistério dos Sete Hexágonos Sagrados.

Tronos Regentes e Guardiões do Mistério dos Sete Heptágonos Sagrados.

Tronos Regentes e Guardiões do Mistério dos Sete Octógonos Sagrados.

Tronos Regentes e Guardiões do Mistério dos Sete Círculos Sagrados.

Pois bem!

Nesta nossa introdução ao estudo da Magia Divina das Sete Ervas Sagradas, já temos toda uma base classificadora e nomeadora dos poderes e mistérios divinos, que tanto podem ser nomeados, classificados e invocados por meio dos sete sentidos da criação ou dos sete elementos da natureza terrestre ou dos sete símbolos sagrados em uma de suas classificações, porque há outras, certo?

Para quem já os conhece por meio dos nossos livros ou do estudo da Magia Divina ministrado por nós, os Tronos de Deus já dispensam comentários.

Mas para quem está lendo-nos só agora ou está se iniciando no estudo da Magia Divina é necessário uma introdução ou uma apresentação dessa classe de divindades, para que compreenda esse mistério da criação e possa, daqui em diante, servir-se dele e ser beneficiado pelos seus poderes divinos.

Iremos comentá-los no próximo capítulo!

Comentário sobre os Tronos de Deus

A classe de divindades denominadas Tronos começa sua hierarquia divina com os sete Tronos universais assentados no 1º plano da vida, chamados de Tronos fatorais.

Esses sete Tronos estão na base de todas as hierarquias divinas e são identificados pelos sete sentidos da vida, em que temos os Tronos da fé, do amor, do conhecimento, da justiça, da lei, da evolução e da geração.

Posteriormente, já no 3º plano da vida, eles são associados aos sete elementos sagrados, formando esta classificação:

Trono da Fé – elemento cristal
Trono do Amor – elemento mineral
Trono do Conhecimento – elemento vegetal
Trono da Justiça – elemento fogo ou ígneo
Trono da Lei – elemento ar ou eólico
Trono da Evolução – elemento terra ou telúrico
Trono da Geração – elemento água ou aquático

Essa associação faz surgir a classe dos Tornos elementais, que são os sustentadores da formação e da conservação do lado material do nosso planeta (e de todos os outros existentes neste nosso universo infinito).

É dessa classificação dos Tronos por elementos que surgem as magias divinas elementais ensinadas por nós, tais como:

Magia Divina das Sete Chamas Sagradas
Magia Divina das Sete Pedras Sagradas
Magia Divina das Sete Ervas Sagradas
Magia Divina das Sete Conchas Sagradas
Magia Divina dos Sete Mantos Sagrados
Magia Divina das Sete Águas Sagradas
Magia Divina dos Sete Elementos Sagrados, etc.

Já o simbolismo, cujos símbolos sagrados também são regidos pelos Tronos divinos, deu origem às magias simbólicas, tais como:

Magia Divina das Sete Cruzes Sagradas
Magia Divina dos Sete Raios Sagrados
Magia Divina das Sete Espadas Sagradas
Magia Divina dos Sete Giros Sagrados
Magia Divina das Sete Luzes Sagradas
Magia Divina das Sete Cores Sagradas, etc.

Até aqui vimos que os Tronos regem as magias e adaptam-se aos seus nomes simbólicos pelos quais são nomeados e invocados, desencadeando as suas ações divinas a partir dos elementos formadores da natureza terrestre.

A ação divina deles é realizada por meio de suas vibrações mentais divinas que, se são sutilíssimas e quase impossíveis de serem percebidas, no entanto elas se ligam às vibrações etéricas emitidas para o plano espiritual e imantam os seus elementos concentradores e condensadores, tornando-os transformadores de padrões vibratórios divinos em padrões vibratórios elementais.

Com isso, as vibrações mentais emitidas pelos Tronos (e pelas demais classes de divindades de Deus) elementarizam-se e, aí sim, conseguem ligar-se ao corpo energético das pessoas e dos espíritos; como são realizadoras, elas "trabalham" tanto os problemas localizados no corpo energético ou espiritual quanto no corpo biológico, auxiliando até na cura de determinadas doenças físicas, mas cujo "fundo ou raiz" encontra-se no corpo energético.

Essa elementarização das vibrações mentais divinas é importantíssima e é um dos fundamentos de todas as magias elementais porque, além de transformar as vibrações realizadoras dos tronos divinos, também agrega a elas os princípios energéticos e magísticos dos elementos concentradores delas.

Essa transformação do padrão vibratório divino para o elemental e a incorporação do "princípio mágico ativo" de cada elemento usado dentro de um "espaço mágico" é que torna a magia elemental insubstituível para determinados casos.

Em magias elementais são tantos os elementos usados, que eles foram separados por classes, tais como:

Magia das Sete Chamas e Magia da Chama Dourada
Magia das Sete Pedras e Magia da Pedra Rosa
Magia das Sete Ervas e Magia das Flores

E a separação por classes e subclasses nos indica que na Magia das Flores existem as Magias das Rosas; dos Lírios; dos Girassóis, etc.

Esses "desdobramentos" de novas magias dentro de uma mesma classe de elementos nos mostra que são campos vastíssimos de ação dos poderes divinos, que tanto atuam em toda uma classe de elementos como atuam por meio de cada um dos elementos dessa classe, como também por meio das partes formadoras de um único elemento escolhido.

Se, nas magias com os minerais, com as chamas, com as águas, etc., os próprios elementos são os identificadores dos "desdobramentos" do mistério maior de cada uma delas, na magia Divina das Sete Ervas Sagradas recorremos aos símbolos para nela nos iniciarmos.

Mas poderíamos fazer nossas iniciações por meio das partes formadoras das plantas, tais como:

Mistério das Sete Raízes Sagradas (as raízes)
Mistério dos Sete Cajados Sagrados (os caules)
Magia das Sete Folhas Sagradas
Magia das Sete Flores Sagradas
Magia das Sete Frutas Sagradas
Magia das Sete Sementes Sagradas
Magia das Sete Seivas Vegetais Sagradas
Magia dos Sete Pós Vegetais Sagrados

Todavia os mestres espirituais da Magia Divina optaram pelo simbolismo como "meio iniciatório" porque cada uma das iniciações simbólicas remete os iniciados diretamente aos Tronos divinos, com os quais os novos magos se ligam ou religam mentalmente e deles recebem toda uma imantação, um magnetismo e um fluxo de vibrações específicas que o qualificam e o potencializam para que, quando forem praticar a Magia das Sete Ervas Sagradas em benefício próprio ou de seus semelhantes, os magos atuem como guardiões do mistério invocado.

A regência dos símbolos sagrados pertence aos Tronos divinos.

Já a guarda dos mistérios que fluem e atuam por meio dos símbolos, ela é compartilhada por todas as classes de divindades de Deus.

Foi por essa "abrangência e universalismo" dos símbolos sagrados que os mentores da Magia das ervas optaram pelas iniciações simbólicas em vez das iniciações elementais.

Quais São as Sete Ervas Sagradas?

Quando falamos em Magia das Sete Ervas Sagradas, a muitas pessoas pode parecer que nos referimos a sete tipos ou espécies de ervas ou plantas.

Na verdade, as sete ervas sagradas não são só sete espécies específicas, e sim todo o reino vegetal com todas as espécies de plantas existentes aqui no nosso lado material da vida e as que só existem em outras realidades, dimensões e planos de vida.

Então se não são só sete espécies, o que são essas sete ervas sagradas?

Bem, ao dizermos sete ervas sagradas, estamos nos referindo a sete padrões vibratórios e energéticos diferentes entre si, mas que, por serem de origem divina, comandam tudo nos "reinos vegetais da criação", seja em nosso planeta ou em quaisquer outros que possam existir nesse universo infinito, assim como, nas paralelas ao nosso plano material, e que nos são invisíveis porque pertencem a outras realidades da vida.

Como existem essas sete vibrações divinas geradoras e amparadoras das muitas "formas de vida" vegetal, então uma se sobressai em umas espécies de plantas e as outras se sobressaem em outras espécies, com todas atuando sobre todas as plantas, mas como complementares à que se sobressai em determinada espécie.

O "sobressair-se" aqui siginifica regê-la, certo?

Em um número indeterminado de espécies, suas regências divinas pertencem ao Trono da Fé.

Em um outro número, também indeterminado, quem as rege é o Trono do Amor.

E assim sucessivamente com os Tronos Regentes das Sete Vibrações Divinas "Vegetais".

Se as denominamos vegetais é porque elas são vibrações geradoras, sustentadoras e amparadoras das plantas, que são animadas por uma forma de vida diferente da humana ou da animal em geral, mas é uma forma de vida emanada por Deus.

Existem várias formas de vida em nosso planeta que não são "espirituais", mas sim são animadas por "emanações" vivas.

Essas formas de vida não espiritual, para uma melhor compreensão, denominamos como "espécies animadas" ou "formas de vidas instintivas".

Diferente dos seres elementais, que são dotados da razão e de uma inteligência "espiritual", essas formas de vida instintivas são dotadas de sensibilidade e percepção, que nelas formam seus "instintos de sobrevivência".

As plantas são hipersensíveis e possuem uma sensibilidade apuradíssima. E mesmo que não possa defender-se dos ataques de fungos e de insetos, no entanto desenvolvem certas defesas contra essas outras formas de vida também instintivas.

Retomando nossos comentários sobre as Sete Ervas Sagradas, temos esta classificação:

Ervas regidas pela irradiação da Fé
Ervas regidas pela irradiação do Amor
Ervas regidas pela irradiação do Conhecimento
Ervas regidas pela irradiação da Justiça
Ervas regidas pela irradiação da Lei
Ervas regidas pela irradiação da Evolução
Ervas regidas pela irradiação da Geração

Existem milhares de espécies de plantas aqui no lado material do nosso planeta.

E, se chegam a centenas de milhares de espécies, saibam que existem nas dimensões paralelas milhões de outras espécies de plantas que tanto dão flores, com as mais impressionantes formas e cores, assim como dão os mais inimagináveis frutos e sementes, mostrando-nos a "grandeza" do nosso Divino Criador, ilimitando-se na Sua capacidade criadora e geradora de formas ou espécies diferentes de plantas.

Portanto, quando falamos na "Magia das Sete Ervas Sagradas", estamos nos referindo às sete irradiações divinas irradiadas pelos sete Tronos de Deus, que são Suas "exteriorizações" na forma de sete mentais divinos sustentadores da criação e amparadores da evolução dos seres.

Inclusive as irradiações mentais dos sete Tronos divinos vão fluindo a partir do 1º Plano da Vida e, em cada um dos planos posteriores, vão fazendo com que surjam os domínios e tudo o que neles é necessário para que os seres sob suas regências divinas possam evoluir em paz, harmonia e equilíbrio.

Quando essas vibrações mentais vivas e divinas dos Tronos alcançaram a contraparte etérica deste nosso universo, elas inundaram-na com todos os tipos de energias etéricas elementais, energizando-a de tal forma que chegou um determinado momento que a energia elemental em seus sete padrões vibratórios condensou-se, densificou-se e deu origem às subpartículas atômicas, que começaram a se agrupar em estruturas atômicas pré-programadas por Deus e fizeram surgir os átomos, que também começaram a se ligar e deram origem à matéria nos seus três estados: sólido, líquido e gasoso, mas não necessariamente nesta ordem, e sim segundo desígnios divinos.

E chegou um momento que, com todo um plano material apropriado em nosso planeta, os mentais divinos entraram em ação e fizeram surgir milhares incontáveis de espécies vegetais, criando a base da cadeia alimentar que sustentaria as formas de vida espirituais (aves, animais, etc.).

Saibam que o poder Divino Criador-Gerador de Deus é capaz de fazer surgir as formas de vida assim que o "meio" está pronto.

E o poder divino fez surgir milhares de espécies de vegetais, cada um com suas particularidades, com cada espécie cumprindo um desígnio divino, ou seja, desempenhando sua função no plano material da vida.

Como os sete mentais divinos ou as sete exteriorizações de Deus possuem sua faixa vibratória pela qual fluem as vibrações criadoras-geradoras de Deus, então cada uma contribuiu com a formação ou o "nascimento" no plano material de muitas espécies de plantas. Sendo que algumas são pequenas e delicadas, e outras são enormes, imponentes e resistentes às intempéries climáticas.

Daí o nome "Sete Ervas Sagradas", pois existem as geradas pelas vibrações divinas do Trono da Fé; as do Trono do Amor; as do Trono do

Conhecimento; as do Trono da Justiça; as do Trono da Lei; as do Trono da Evolução e as do Trono da Geração, perfazendo todas as espécies de "vegetais" existentes em nosso planeta Terra.

Portanto, as Sete Ervas Sagradas da Magia Divina são todas elas e temos isto:

    Ervas Regidas pelo Mistério da Fé
    Ervas Regidas pelo Mistério do Amor
    Ervas Regidas pelo Mistério do Conhecimento
    Ervas Regidas pelo Mistério da Justiça
    Ervas Regidas pelo Mistério da Lei
    Ervas Regidas pelo Mistério da Evolução
    Ervas Regidas pelo Mistério da Geração

Os Princípios Mágicos das Plantas

É do conhecimento geral que as plantas têm princípios ativos terapêuticos ou medicinais.

A farmacologia herbária serve-se de inúmeras plantas ou de alguma parte delas para criar elixires, xaropes, extratos, pomadas, emplastros, vermífugos, medicamentos, tônicos, etc., usados normalmente pelas pessoas do mundo todo.

A perfumaria vem há séculos extraindo de determinadas plantas uma boa parte das essências usadas na fabricação de perfumes, cremes e pós.

A indústria química vem extraindo de várias plantas óleos medicinais ou profiláticos, assim como vem descobrindo, cada vez mais, novos princípios ativos naturais nas plantas que, depois de isolados e estudados, são sintetizados gerando novos medicamentos.

As religiões xamânicas ou de pajelança e curandeirismo vêm há milhares de anos recorrendo a determinadas plantas para que seus sacerdotes entrem em estado alterado de consciência e atuem em benefício de suas comunidades, assim como vêm receitando-as para a cura de inúmeras doenças.

A indústria alimentícia dispensa comentários devido às centenas ou milhares de produtos alimentícios extraídos das plantas, desde grãos até óleos e sucos.

O comércio "ornamental" também dispensa comentários, de tantas plantas usadas em jardinagem e tantas flores usadas para enfeitar, perfumar e embelezar ambientes.

Os laboratórios homeopáticos têm nas plantas sua fonte de medicamentos e de receita financeira.

A indústria de cosméticos tem nas plantas uma fonte importante que lhe fornece cada vez mais novos produtos de beleza.

As aves, os animais, os insetos, os fungos, as bactérias e inúmeras espécies dependem das plantas para viver e se multiplicar.

A biologia e a botânica nos ensinam tanto sobre as plantas que não tem como alguém desconhecer sua importância para a vida em seu sentido mais amplo.

E se tudo isso não for suficiente, acrescentem o intenso uso de plantas na magia, desde defumadores até plantas com poderes mágicos, já consagradas publicamente, graças aos seus benefícios naturais para ambientes e pessoas, como os banhos com folhas ou pétalas de flores, etc.

A magia vem servindo-se das plantas desde a antiguidade mais remota, e muitos "formulários de magia" têm suas plantas ou "ervas" de forças mágicas às quais seus praticantes recorrem para auxiliar seus semelhantes.

As religiões xamânicas e as mediúnicas, em que incorporam espíritos comunicantes, possuem todo um formulário mágico terapêutico ao qual recorrem para "descarregar" ou para "curar" as pessoas necessidades.

Os cultos xamânicos e a Umbanda têm nas plantas um dos seus fundamentos religioso-magísticos de suma importância para suas práticas e iniciações, assim como para suas oferendas na natureza.

Poderíamos alongar em muito a lista de utilização das plantas nos mais diversos campos das atividades religiosas, mas cremos que só os aqui mostrados já sejam suficientes para que o leitor perceba a importância delas nas atividades mágicas e religiosas.

Pois bem!

Agora podemos comentar o que leva a um uso tão intenso das plantas nas magias já desenvolvidas no decorrer dos milênios.

O fato é que cada planta, independentemente da espécie a que pertença, todas possuem princípios ativos mágicos que, quando ativados magisticamente, realizam importantes ações benéficas às pessoas.

São higienizadoras do espírito das pessoas, são descarregadoras de energias negativas; são regeneradoras do corpo plasmático; são curadoras do corpo energético; são energizadoras e fortalecedoras, etc.

Cada planta traz em si seu princípio mágico que está distribuído por toda ela e umas são ótimas para descarregos; outras são ótimas para curas; outras são poderosas diluidoras de miasmas e larvas astrais, etc., realizando ações benéficas quando ativadas magisticamente.

De algumas nos servimos mais de suas raízes; de outras nos servimos de suas folhas; ou suas flores; ou seus frutos; ou suas sementes.

Mas de todas podemos nos servir caso saibamos como ativá-las e nos beneficiarmos delas.

Tudo é uma questão de sabermos como desencadear suas ações mágicas.

Já que a quantidade de espécies de plantas é imensa, nunca conseguiremos esgotar suas imensuráveis utilidades mágico-terapêuticas, inclusive porque algumas espécies são típicas de regiões secas e outras de regiões abundantes em água.

Algumas outras só crescem em regiões pantaneiras e outras em regiões semidesérticas, como os cactos.

Importante frisar que, independentemente dos seus princípios mágicos ativos, todas as plantas são benéficas. Se não para nós, são para o meio ambiente.

O Que é um Princípio Mágico Ativo

Sabemos que muitas plantas já tiveram seus princípios ativos identificados no decorrer dos séculos, e muitas plantas (raízes, cascas, folhas, flores, frutos ou sementes) vêm sendo usadas em larga escala pelas pessoas na cura de doenças, as mais variadas.

Esse é um assunto já de conhecimento público e recomendamos aos interessados que se informem na literatura já existente, tanto a científica quanto a popular, para que se inteirem do vasto conhecimento já acumulado pela humanidade sobre as plantas medicinais.

Aqui, por se tratar de magia, interessa ao leitor um outro conhecimento, que é sobre o "princípio ativo mágico" das plantas.

Esse nome ou forma de abordar o poder mágico das plantas foi criado por nós para diferenciar as ações das plantas, em que umas se mostram mais eficientes em um campo e outras em outros, criando um formulário "vegetal" de alta magia.

Pois bem!

Por "princípio mágico ativo" está a capacidade inerente a todas as plantas de atuar em nível energético sobre o nosso corpo espiritual beneficiando-nos de alguma forma, muitas delas imperceptíveis.

Já foi visto e descrito por muitos clarividentes que as plantas emitem uma energia etérea, invisível aos não videntes, que se mistura ao prana ou éter universal, saturando-o com o que denominamos de "energia vegetal".

Essa energia vegetal, emitida continuamente por todas as plantas "saudáveis", é importantíssima para o nosso espírito porque ela se mistura ao prana, formado pela soma de todas as energias elementais, que são absorvidas pelos nossos chacras e energizam o nosso espírito, trazendo-nos os seus benefícios imperceptíveis.

Como a emissão dessa energia vegetal é contínua e mistura-se ao prana, correntes eletromagnéticas etéricas as espalham por toda a crosta espiritual ao planeta, beneficiando o espírito ou corpo energético de todas as pessoas, inclusive das que vivem em regiões desérticas ou geladas e desprovidas de grandes florestas.

As correntes eletromagnéticas espirituais absorvem a energia vegetal onde estão sendo emitidas e as espalham por toda a contraparte do nosso planeta, beneficiando todos os seres humanos e as outras formas de vida aqui existentes e que também precisam recebê-las, senão "enfermizam-se" ou enfraquecem-se.

A importância dos vegetais transcende nossas necessidades alimentares, tornando-os indispensáveis ao equilíbrio energético do nosso corpo espiritual.

Até aqui o leitor já tem uma ideia da importância dos vegetais, certo?

Pois bem! O fato que nos interessa é que, junto com a energia emitida por todos os vegetais, e que é neutra, também vão os "princípios ativos mágicos" de cada espécie de planta, princípios esses que se conservam em estado potencial e só entram em ação se forem ativados magisticamente.

- A rosa branca tem um princípio mágico e a rosa vermelha tem outro.
- Na rosa branca o seu princípio ativo mágico é acalmador, regenerador, harmonizador, pacificador, curador, aquietador e arejador.
- Na rosa vermelha, o seu princípio mágico é estimulador, excitador, energizador, potencializador, concentrador, afixador, inebriador, aguçador e fortalecedor.

Observem que pegamos duas flores de uma mesma espécie, mas de cores diferentes, em que podem comparar o que fazem seus princípios mágicos se devidamente ativados.

Na simbologia, a rosa branca simboliza a paz e a rosa vermelha, a paixão.

Se observarem os princípios ativos mágicos das duas, verão que o da rosa branca tem a ver com a paz e o da rosa vermelha tem a ver com a paixão.

Esses dois exemplos de princípios mágicos ativos já dão uma ideia do que estamos comentando e abrindo aqui ao conhecimento do leitor atento.

Aqui no plano material temos só uns poucos tipos de cores das rosas, tais como: branca, amarela, vermelha e cor-de-rosa.

Outras cores poderão ser criadas com os avanços da genética. Mas em dimensões paralelas à dimensão humana existem rosas das mais variadas cores e tonalidades, impossíveis de serem reproduzidas aqui no plano material da vida. E cada uma possui seu princípio mágico ativo.

Prosseguindo, afirmamos que os princípios mágicos são encontrados nas raízes, nas cascas, nos caules, nas folhas, nas flores, nas frutas, nas sementes, nos cipós, etc.

Não há uma só planta que não possua seu princípio ativo mágico específico e, se muitas plantas (ou suas partes) já vêm sendo usadas há séculos na magia elemental e, de tão usadas, já passaram por uma consagração pública como "ervas poderosas", no entanto todas as outras espécies também possuem e podem ser usadas na Magia das Sete Ervas Sagradas, pois, ao seu modo, cada uma realizará um trabalho mágico específico e auxiliará de alguma forma a pessoa necessitada.

Portanto, "princípio ativo mágico" é uma qualidade inerente a todas as plantas e que flui com a energia etérica emitida continuamente por todas as plantas saudáveis, mas encontra-se no estado potencial e precisa ser ativado magisticamente para realizar sua ação.

A Seiva Vegetal Viva e Divina

Se alguém perguntar o que é seiva vegetal, a resposta óbvia é esta:
Seiva vegetal é a água que corre pelas plantas, distribuindo os nutrientes para todas as partes dela.
Isso é certo, não?
Pois saiba o leitor que existe uma outra seiva vegetal que é em si um caldo energético vegetal "coalhado" de fatores, essências e energia elemental vegetal alimentadora de todos os tipos de plantas, sendo que ela é um mistério em si mesma porque "brota" de dentro para fora nelas e as alimenta pelo lado etérico da criação.

Essa seiva vegetal viva e divina é que alimenta a forma de vida no seu "estado vegetal" ou como plantas.

Ela, por ser em si um mistério, brota por dentro das plantas e flui com a seiva física que as alimenta com os nutrientes.

Na Magia Divina das Sete Ervas Sagradas, a seiva vegetal viva e divina é um dos seus recursos energéticos, poderosíssimo e capaz de realizar ações as mais diversas, inclusive curando e regenerando espíritos sofredores e o corpo energético de pessoas que sofreram fortes ataques de forças espirituais negativas ou de magias negativas.

A seiva vegetal viva e divina, quando corretamente direcionada por um mago iniciado no Mistério das Sete Ervas, tanto cura e regenera o espírito das pessoas quanto, só ela e por si mesma, anula integralmente trabalhos de magia negativa feitos o tempo todo por pessoas desequilibradas contra seus desafetos ou supostos inimigos.

Ela traz em si todos os princípios ativos mágicos vegetais existentes e até é capaz de realizar curas de doenças físicas cujos fundos sejam espirituais.

As Irradiações Vegetais

Na criação existem sete irradiações vivas e divinas originais projetadas por Deus, irradiações essas que formam o setenário sagrado, sendo que cada uma delas rege um dos sete sentidos da vida.

Cada uma é absorvida por um dos sete Tronos divinos, que as internalizam e, depois de transmutá-las, as irradiam para o "mundo manifestado" ou criação dando origem às "coisas" e dando sustentação a tudo e a todos.

As sete irradiações, nós as denominamos assim:

Irradiação da Fé – ass. aos critais
Irradiação do Amor – ass. aos minerais
Irradiação do Conhecimento – ass. aos vegetais
Irradiação da Justiça – ass. ao fogo
Irradiação da Lei – ass. ao ar
Irradiação da Evolução – ass. à terra
Irradiação da Geração – ass. à água

Aqui, porque estamos comentando a Magia das Ervas, nos alongaremos na Irradiação do Conhecimento.

Pois bem! Cada irradiação divina rege um dos sete sentidos da vida e sua ação é tão abrangente que alcança tudo e todos em seu campo de ação na criação divina.

A irradiação do Conhecimento, quando projetada pelo Trono do Conhecimento, abre-se em outras sete novas irradiações, sendo que uma "desce" verticalmente de plano em plano da criação até chegar à matéria onde dá sustentação à vida na sua forma vegetal.

Vasto é o trabalho realizado por cada uma das sete irradiações divinas e um de suma importância para a nossa evolução é o desenvolvido pela Irradiação do Conhecimento, cuja função é abrir e dar sustentação às faculdades do raciocínio, desenvolvendo no mental dos seres as faculdades ligadas ao aprendizado.

A abertura das faculdades do aprendizado acontece gradualmente porque essa abertura tem de ser acompanhada pelas aberturas de faculdades correlatas nos outros seis sentidos.

Pois saibam que as sete irradiações projetadas pela irradiação do conhecimento, uma preserva a função pura dela, mas as outras seis são projetadas para as outras seis irradiações divinas, às quais se fundem e passam a atuar nos outros seis sentidos da vida, atuando na abertura do aprendizado da fé; do amor; da justiça; da evolução; da geração.

A irradiação pura do conhecimento assim se mantém para poder atuar no sentido do conhecimetno dos seres. Já as outras seis atuarão como auxiliares das outras.

Além de regular a abertura das faculdades do aprendizado nos sete sentidos da vida, a irradiação do conhecimento traz em si uma função excepcional, que é a "expansora".

Por "expansora", entendam uma vibração divina capaz de expandir tudo que toca, desde a nossa capacidade intelectual até a expansão do Universo.

Essa faculdade expansora é uma das que mais se destacam na irradiação do conhecimetno e, à medida que as faculdades vão sendo abertas (todas as de todos os sete símbolos), a vibração expansora do Trono do Conhecimento vai abrindo novos campos aos seres e expandindo suas capacidades e potenciais.

Pois bem! Após esse curto comentário sobre a irradiação do conhecimento, queremos ressaltar ao leitor que a regência do Mistério das Sete Ervas Sagradas pertence ao Trono do Conhecimento, que é auxiliado pelos outros seis.

E, assim como a irradiação do conhecimento "abre-se" para as outras seis, elas também se abrem do mesmo jeito e juntam-se à do conhecimento, auxiliando-a a dar origem já no plano elemental da criação às formas de vida vegetal.

É no plano elemental da criação que começam a surgir as primeiras "ervas ou plantas".

E cada uma recebe a contribuição das outras seis irradiações divinas, sendo que, em umas ervas, predomina a irradiação da fé e surgem as ervas regidas pelo sentido da fé; em outras, predomina a irradiação do amor e surgem as ervas regidas pelo sentido do amor.

E assim sucessivamente com os outros sentidos e irradiações.

Portanto, o Mistério das Sete Ervas Sagradas é regido pela irradiação do conhecimento e auxiliada pelas seis outras.

Identificação dos Tronos Divinos na Magia das Ervas

Os Tronos, tal como os comentamos, são em si divindades-mistérios, ou seja, são poderes estáveis da criação que têm múltiplas funções, desde a concretização da criação até o amparo à evolução dos seres.

A identificação dos Tronos divinos por meio dos sentidos faz surgirem estes Tronos: da fé; do amor; do conhecimento; da justiça; da lei; da evolução; da geração.

O Trono da Fé rege a religiosidade e direciona a evolução dos seres por meio do sentido da fé.

Suas vibrações divinas, quando internalizadas pelo mental das pessoas, despertam no íntimo delas sentimentos de fé, de esperança, da fraternidade, de bondade, de caridade, de misericórdia, de compaixão, de alegria, de bem-estar, de amparo, de perdão, de reparação, etc.

Nas ervas, sua regência abrange alguma parte de cada uma delas e por isso ele atua por meio de todas, mas por meio da parte regida por ele.

Porque sua cor é a branca, ele atua por meio de toda parte branca de uma planta, seja ela a pétala de uma flor branca ou a "raiz" branca de uma mandioca, seja pela casca esbranquiçada de uma árvore até a polpa de um coco.

Uma das formas de identificação das regências divinas das plantas é por meio da cor de cada parte delas, pois em uma a cor branca está no interior do seu fruto (o coco) e em outra está na sua flor (o lírio branco).

Em outra está na madeira do seu tronco (peroba vermelha) e em outra está na cor de sua casca (maçã). E assim por diante com todas as partes das plantas, mas indicando que, em uma, um determinado Trono rege o forte caule de uma árvore e, em outra, ele rege o revestimento delicado de uma fruta.

Em uma, ele está dando sustentação ao todo que ela é em si (a própria vermelha) e, em outra, ele está amparando o seu fruto, revestindo-o e protegendo-o (a maçã).

Na cor branca flui o Mistério do Trono da Fé.

Na cor vermelha flui o Mistério do Trono da Justiça.

Isso nos faz refletir sobre suas funções e perceber como cada planta é um todo em si mesma; então, se um a rege, todos os outros Tronos atuam em seu benefício por meio de suas partes.

Em uma planta completa estão presentes todos os sete Tronos Divinos e, mesmo que não os encontremos por meio das cores, podemos encontrá-los por meio das suas partes (raízes, caules, galhos, folhas, casca, flores, frutos, sementes, forma das flores, dos frutos, das folhas, dos galhos, do caule e das raízes).

Sabendo disso, quando quiserem ativar em benefício próprio as vibrações divinas de um trono, bastará construir um espaço mágico no qual predomine a cor dele. Vamos dar aqui uma "tabela" com suas cores principais.

Trono masculino da fé: branco
Trono feminino da fé: azul-escuro ou acinzentado

Trono masculino do amor: azul-turquesa
Trono feminino do amor: rosa

Trono masculino do conhecimento: verde
Trono feminino do conhecimento: magenta

Trono masculino da justiça: vermelho
Trono feminino da justiça: laranja "fogo"

Trono masculino da lei: azul
Trono feminino da lei: amarelo

Trono masculino da evolução: violeta
Trono feminino da evolução: lilás

Trono masculino da geração: roxo
Trono feminino da geração: azul-claro

As cores nas plantas variam e predomina o verde; por isso mesmo a regência do Mistério das Sete Ervas Sagradas é o Trono masculino do Conhecimento.

Mas em uma árvore frondosa e completa, nela estão presentes todos os outros, por meio das partes dela.

- As raízes dela podem ter uma regência.
- As folhas podem ter oura regência.
- As frutas podem ter outra regência.

Além das cores como identificadores, existem os "formatos" das partes que formam o todo, que é uma frondosa árvore frutífera.

Até as cascas que revestem os caules não têm uma regência única e para cada tipo de casca há uma regência específica.

Existem cascas rugosas, lisas, sedosas, ásperas, grossas, médias, finas, em películas, etc.

O mesmo acontece com todas as outras partes das árvores ou "ervas", certo?

Esse conhecimento sobre as regências não está aberto, senão poderíamos estabelecer as regências específicas das partes por meio dos seus formatos, desde o de uma raiz até o de uma fruta, pois existem sete padrões de formação das partes, tal como existem sete estruturas cristalográficas ou de "crescimento" dos animais.

Mas essas "estruturas" de formatação, crescimento e cristalização das "espécies" são conhecimento fechado, e só podemos recorrer às cores como identificadores da "presença" dos Tronos nas ervas ou em qualquer outro "elemento de magia" fornecido pela natureza.

Há uma teoria sobre a vida que diz que tudo começou com a aglutinação dos aminoácidos.

Até aí está tudo certo!

Mas os formuladores dessa teoria ou os seus defensores (não todos, é claro) não deram ou não dão o devido "crédito" ao nosso Divino Criador e fica a impressão de que toda a exuberância de formas e cores existentes na natureza terrestre é "obra do acaso".

Mas essa impressão é falsa porque cada coisa existente deve sua formação às "sete estruturas de crescimento e formação das espécies", sejam elas mineirais, vegetais, animais, etc.

Em tudo encontramos o "setenário criacionista" do nosso Divino Criador e senhor Deus.

Esse setenário sagrado é formado por sete manifestações de Deus, que formam tudo o que existe, e cada um dos mistérios é regido por uma "exteriorização" dele, denominada de divindade-mistério ou "trono".

Esses sete Tronos estão na base da criação e participam da formação de tudo o que existe na criação, inclusive na nossa, fazendo surgir os arquétipos humanos, com cada um tendo a sua regência divina.

E, onde um trono predomina, os outros participaram e estão presentes nas suas partes.

Por isso, que cada um desenvolva a partir do seu "senso de observação" as regências divinas sobre as "ervas" ou plantas, pois existem tantas espécies de vegetais que é impossível classificá-las corretamente.

Esse é um conhecimento fechado, não aberto ao plano material.

O que vemos, com uns atribuindo determinada planta a uma divindade e outros atribuindo-a a outra, isso é fruto da observação e da experimentação magística que vai nos fornecendo um aprendizado lento mas funcional, pois vamos descobrindo pouco a pouco onde uma erva atua com mais intensidade e onde outra atua melhor.

Como essa "experimentação magística" já vem sendo desenvolvida há milênios, hoje temos bons livros à nossa disposição, frutos do trabalho de pesquisa e coleta de informações de dedicados autores e pesquisadores sobre o poder mágico das ervas.

Assim como temos ótimos livros sobre o poder terapêutico e os princípios ativos das plantas usados em nosso benefício, todos frutos da experimentação, desenvolvida no decorrer dos séculos por povos e culturas que, se não possuíam a escrita, no entanto, possuíam um enorme receituário medicinal à disposição, desenvolvido e passado de geração para geração através da transmissão oral, tanto aqui nas Américas quanto na África por seus pajés, curandeiros, feiticeiros, xamãs, etc.

Nada surgiu por acaso e todo o imenso conhecimento sobre os poderes mágicos e terapêuticos das plantas deve ser creditado à humanidade como um todo, pois se desenvolveu em todo o mundo ao mesmo tempo graças à natureza humana, curiosa, observadora, experimentadora e pesquisadora.

E, por trás de toda essa evolução através do aprendizado prático e experimental, sempre estiveram os Tronos, os amparadores divinos da nossa evolução e sustentadores da nossa vida, atuando o tempo todo sobre nós, guiando-nos com suas vibrações mentais, ora numa direção, ora em outra.

Os Tronos divinos também são identificados tanto pelos princípios terapêuticos quanto pelos princípios mágicos das plantas.

Será observando-os, assim como às suas cores e seus formatos, que descobrirão as regências divinas nas sete ervas sagradas.

Os Seres da Natureza "Vegetal"

Muito já foi escrito sobre os seres sobrenaturais que habitam nas florestas, e inúmeros autores inspirados escreveram contos, fábulas, lendas, etc., sobre eles, levando o imaginário popular a relatar visões sobre os "espíritos das florestas", umas belíssimas e outras assustadoras.

Aqui, o nosso propósito não é comentar sobre o que já escreveram, e sim tecer alguns comentários sobre os seres elementais "vegetais".

Sim, eles existem e são reais, só que vivem em uma dimensão espiritual inacessível, visualmente falando, às pessoas não clarividentes.

Só pessoas possuidoras da faculdade mediúnica denominada vidência ou clarividência conseguem vê-los em determinados momentos e circusntâncias.

Mas para que as pessoas, videntes ou não, entendam esse mistério da criação temos que nos alongar neste nosso comentário para que, aí sim, mesmo não os vendo, passem a respeitar e preservar a natureza.

Comecemos aqui.

Deus, o nosso Divino Criador, é infinito em todos os sentidos que O estudarmos e não limitou Sua criação apenas aos planos material e espiritual, e sim criou infinitos planos para abrigar todas as Suas criações, a maioria delas desconhecidas por nós, os espíritos humanos.

O que sabemos é muito pouco e não ajuda muito na interpretação da criação divina porque partimos da nossa visão antropomórfica, uma vez que cremos ou achamos que tudo o que Ele criou foi exclusivamente para nós, os "seres humanos".

Mas isso não é verdade e precisamos adotar uma nova visão sobre o nosso Divino Criador, senão não faz sentido algum a existência deste universo infinito, grandioso, belíssimo... mas inútil para nós, uma vez que, se existe algum outro planeta habitável pela espécie humana, no entanto está fora do nosso alcance devido às astronômicas distâncias que o separa de nós.

De que adianta conjecturar se existe ou não outro planeta com a mesma formação elemental e climática que a do planeta Terra se nunca vamos conseguir chegar até ele no curto espaço de uma vida aqui no plano material onde a mais elevada "taxa de vida" não passa de um século?

Com os recursos atuais, descobrir de fato um planeta habitável pela espécie humana é um sonho...

O mais lógico é esquecermos essa ilusão, pois nunca chegaríamos até ele em uma única vida, para dedicar todo o nosso potencial e intelecto na preservação deste nosso abençoado planeta Terra tão valioso e tão massacrado pela espécie humana nos últimos séculos pela dita "revolução industrial", que cria a cada dia uma nova necessidade com todas elas fundamentadas na exaustão dos recursos minerais, vegetais e marinhos, etc., empobrecendo o planeta e degradando-o de tal forma que, mais dia menos dia, acabará por se tornar inabitável para nós, os seres humanos.

Observem isto:

Deus, ao gerar de Si, gerou inúmeros planos de vida e, dentro de cada um, gerou incontáveis "realidades" ou subplanos específicos, com cada um reservado para uma das espécies criadas por Ele.

Essas realidades iniciam-se no "interior" de Deus e começam dentro das Suas matrizes geradoras, sendo que cada "ser espiritual" possui a sua matriz geradora.

O mesmo acontece com cada elemento químico, com cada espécie de "ser monádico", com cada espécie de planta, etc.

- Os elementos químicos, quando se concretizam na matéria, criam os reinos minerais ou grandes reservas de minérios.
- As espécies vegetais se concretizam na matéria como plantas específicas.

- Os seres "monádicos" são sustentados por "mônadas", que é um plasma vivo ou em estado plasmático de sustentação dos seres não espirituais, tais como os insetos, os peixes e as plantas.

Essas espécies, quando morrem, liberam o "plasma vivo" que os animava e os mantinha vivos e individualizados, ainda que com todos procedendo de um mesmo modo, ou forma instintiva.

Já os bichos (aves, répteis, animais instintivos, etc.), esses são dotados de um espírito elementar ou básico, idêntico aos de todos os membros de uma mesma espécie, que são recolhidos às suas realidades assim que morrem.

Já os espíritos racionais (os humanos), esses vão para as faixas vibratórias que lhes são afins, magnéticas e vibratórias, assim que morrem, pois, por serem dotados do livre-arbítrio, estabelecem afinidades com os seus semelhantes na mesma vibração.

Além desses tipos de vida, temos a forma elemental e que é formada por seres tanto dotados do instinto quanto do racional, mas que se alimentam das energias elementais puras, mistas ou complexas.

- Por ser elementar, entendam formas de vida "básicas" e puramente instintivas sustentadas por "plasmas vivos", não dotados de um corpo energético estável.
- Por seres elementais, entendam formas de vida superior às elementares e puramente instintivas, sendo que um ser elemental possui, em si e para sua evolução, um corpo energético individualizado.

E esse "corpo energético" obedece à sua formação elemental, sendo que vemos, quando visitamos as realidades ou os subplanos onde vivem e evoluem, seres elementais vegetais com determinados traços que os marcam e os distinguem de tal forma que nos impressionam.

Nas realidades vegetais observamos em uma delas seres elementais vegetais que projetavam dos seus corpos energéticos espinhos; em outra, projetavam tentáculos semelhantes a cipós; em outra, o corpo energético é todo recoberto de folhas, sendo que elas nascem de dentro deles e se uma lhes for arrancada, sente muita dor, tal como sentimos quando arrancamos de nossa pele um pelo ou um fio de cabelo.

Em outras realidades elementais observamos outras "raças ou espécies de seres elementais", cada uma mais surpreendente que a outra.

A divisão clássica dos seres elementais (silfos para o ar; salamandras para o fogo; gnomos para a terra e ondinas para as águas) não é completa e não abrange tudo o que existe nos reinos elementais vistos a partir de suas realidades ou subplanos da vida.

Entendemos que essa subdivisão dos quatro elementos dos tipos de seres (silfos, salamandras, gnomos e ondinas) visara ocultar o magnífico "celeiro da vida" que são os reinos elementais da natureza.

Ainda que seja uma descrição "pobre" ou limitada da exuberante vida elemental, serviu para instigar a curiosidade das pessoas.

Mas hoje, com a abertura da Magia Divina e com a iniciação, de fato, de "Magos das Sete Ervas Sagradas", tivemos a abertura de um conhecimento magnífico sobre a grandeza criacionista do nosso Divino Criador, e que nos revelou mistérios criadores e geradores nunca antes sequer imaginados pelos estudiosos da gênese divina.

Esse conhecimento também nos revelou que cada espécie ou forma de vida possui sua matriz geradora instalada no interior de Deus (o plano interno e impenetrável da criação) e que cada matriz gera e exterioriza para o plano externo da criação uma realidade só sua, que é a sustentadora da forma de vida gerada continuamente em seu interior pelo seu mistério geracionista.

Também descobrimos que cada matriz geradora é em si um mistério de Deus, que possui em si uma divindade geracionista e outra divindade guardiã externa do seu mistério geracionista e inúmeras divindades sustentadoras e protetoras da forma de vida gerada pela matriz-geradora, possuindo toda uma hierarquia divina que se inicia no plano fatoral da criação (o 1º plano externo) e termina no plano celestial da criação (o 7º plano externo da criação), de onde tudo e todos iniciam seus retornos às suas matrizes-geradoras.

E ainda descobrimos que os seres elementais possuem a noção da existência de um Divino Criador e de suas divindades-mistérios, assim como respeitam os seres de natureza divina, que lhes são superiores e os guiam em suas evoluções.

A noção de um criador supremo não lhes é estranha e isso acaba com nossa pretensão ou presunção de que Deus existe só para nós ou só por nós, os humanos.

Descobrimos também que esses seres elementais atuam em nosso benefício se verem que somos merecedores diante do senso deles sobre o que é certo e errado.

Assim, eles respondem às determinações mágicas dos "iniciados de fato" na Magia Divina das Sete Ervas Sagradas, pois esses magos têm impresso nos seus corpos elementais básicos os símbolos vivos dos Tronos divinos regentes dos seus reinos elementais.

Após tantas descobertas (a maioria aqui não comentada), chegamos à conclusão de que havíamos recebido, com a magia Divina das Sete Ervas Sagradas, todo um conhecimento ainda não aberto ao plano material e eu, como seu mago iniciador, cerquei-me de todos os cuidados para não revelar nada mais do que os mestres de Magia das Ervas permitiram, porque, se revelasse tudo o que, de fato, existe nessas realidades paralelas ou subplanos da criação, eu quebraria a lei do silêncio sobre os mistérios sagrados.

Os símbolos que são "impressos" em nosso corpo elemental básico durante nossa iniciação são símbolos de poder que nos graduam e nos qualificam diante dos seres elementais, que os respeitam e respeitam quem os possui em si, pois veem nesses "magos de fato" os mesmos símbolos que veem nos Tronos energéticos de suas divindades regentes.

Durante cada uma das iniciações, o iniciando recebe um símbolo vivo e divino das divindades regentes e das guardiãs do mistério diante do qual está se iniciando, símbolo esse que o distinguirá dali em diante tanto perante os seres de natureza divina quanto diante dos seres elementais.

Os meios elementais possuem suas divindades elementais e possuem seres de natureza divina que as auxiliam na manutenção dos meios e no amparo aos seres em evolução dentro deles.

São esses seres de natureza divina que libertam ou não os seres elementais para que atuem em nosso benefício ou no de quem nós indicamos durante nossas ações mágicas.

Se nosso pedido não tem fundamentação, não somos atendidos, mas, se for visto como "meritório", então não só nos enviam os seres elementais como enviam os que realizarão da melhor forma possível o trabalho a ser realizado.

Inclusive, são capazes de realizar curas magníficas, porque as energias emanadas naturalmente por eles ou manipuladas diretamente dos reinos vegetais por eles trazem em suas "composições" tanto princípios ativos mágicos quanto terapêuticos, energias essas que regeneram e curam nossas doenças a partir do nosso corpo elemental básico.

O mago iniciado na Magia Divina das Sete Ervas Sagradas, se quiser ser atendido nas suas invocações, deve fundamentar bem sua "ordem mágica", pois sem fundamentação e sem mérito da pessoa necessitada de auxílio, os seres de natureza divina não liberam e não enviam para o plano espiritual os seres elementais vegetais.

Existem tantas "espécies" de seres elementais vegetais que, se pudessem ver todos eles, com certeza o "antropomorfismo" cairia por terra no mesmo instante diante da grandeza do nosso Divino Criador e, com certeza, daí em diante todos respeitariam muito mais as plantas existentes aqui no lado material desse nosso abençoado planeta "Terra".

Essa abundância de "vidas" também existe nos outros reinos elementais, todos hiper-habitados e com todos sendo regidos e amparados pelo mesmo Deus, ou Divino Criador, que nos rege e nos ampara.

As Vibrações Vegetais

As vibrações são um dos mais fascinantes mistérios divinos, porque na criação tudo vibra e até mesmo um pedaço de madeira, que se mostra inerte e estável, em nível atômico vibra intensamente porque os átomos que o formam estão vibrando devido à movimentação dos seus elétrons, que são descritos como "ondas energéticas".

As vibrações aqui abordadas por nós são mentais e elementais.

Vibrações mentais são ondas vibratórias irradiadas o tempo todo por mentais divinos e saem deles como radiações luminosas, que se projetam ao infinito.

Vibrações elementais são ondas vibratórias irradiadas o tempo todo pelos elementos formadores do planeta e saem das "matérias" aqui existentes formando ao redor delas um campo radiante que emite continuamente energia elemental natural (de natureza).

As vibrações mentais irradiadas pelos sete mentais divinos criam o Mistério das Sete Vibrações Sagradas, sendo que, seguindo nosso modelo padrão, temos isto:

Vibrações da Fé
Vibrações do Amor
Vibrações do Conhecimento
Vibrações da Justiça
Vibrações da Lei
Vibrações da Evolução
Vibrações da Geração

As vibrações mentais do Trono da Fé "concretizam-se" na matéria como cristais.

As vibrações mentais do Trono do Amor "concretizam-se" na matéria como minérios.

As vibrações mentais do Trono do Conhecimento "concretizam-se" na matéria como vegetais.

As vibrações mentais do Trono da Justiça "concretizam-se" na matéria como "temperaturas".

As vibrações mentais do Trono da Lei "concretizam-se" na matéria como gases (ou o ar).

As vibrações mentais do Trono da Evolução "concretizam-se" na matéria como terras.

As vibrações mentais do Trono da Geração "concretizam-se" na matéria como água.

Esse "concretizam-se" significa que são as vibrações mentais dos Tronos de Deus que dão sustentação à formação das "coisas" no lado material da criação.

As vibrações mentais são realizadoras de funções indispensáveis à criação e são mantenedoras energéticas de tudo que foi criado por Deus.

Elas são tão importantes e indispensáveis à manutenção do equilíbrio de tudo que Deus criou que, se fossem desligadas do nosso espírito as vibrações divinas ligadas a ele, em pouco tempo nosso corpo energético se atrofiaria.

São tantas ondas vibratórias mentais divinas que estão ligadas ao nosso corpo energético que é impossível qualificá-las, mas, como ele é formado por um "plasma" sétuplo elemental, recebemos vibrações dos sete Tronos, com cada um atuando em um dos nossos sentidos e com suas vibrações ligadas à contraparte etérica dos orgãos físicos, assim como penetram nos chacras e inundam o corpo energético com energias sutilíssimas.

Essas vibrações mentais divinas são invisíveis até aos clarividentes, e o que é possível ver de vibrações são as elementais, cujas frequências vibratórias estão próximas do grau visual dos espíritos humanos.

Pois bem!

Assim como existem as sete vibrações vivas e divinas que são irradiações mentais, também existem as vibrações emitidas pelos elementos, já citados linhas atrás.

Existe a vibração elemental vegetal emitida por cada espécie de planta viva.

Sim, a planta, assim que é cortada, deixa de emitir suas vibrações naturais e começa a "apagar" sua aura energética.

Por meio das vibrações emitidas pelas plantas flui a energia vegetal gerada por cada uma delas e junto vai seu princípio mágico ativo que, quando ativado corretamente, realiza ações mágicas.

Os Espaços Mágicos Vegetais

Por espaço mágico entendam um local delimitado dentro do qual são colocados os elementos (partes das plantas) usados na magia.

Ao ser delimitado, construído e ativado corretamente, um espaço mágico transforma-se em um campo de trabalho e um portal multidimensional, interagindo com muitas realidades paralelas ao mesmo tempo enquanto o resto do solo à sua volta permanece neutro.

Tudo o que tiver de ser realizado acontecerá dentro ou através dele.

A construção de um espaço mágico é simples e deve obedecer à intuição do seu construtor ou às necessidades de quem tiver que ser auxiliado por suas ações mágicas.

Sua estrutura ou formato deve obedecer à forma de símbolos, mandalas ou formas geométricas, tais como triângulos, cruzes, círculos, estrelas, etc.

Os elementos usados podem ser só de um tipo (raízes, folhas, flores, frutas, sementes, óleos, ramos, cipós, pós vegetais, etc.) ou combinação dessas partes de vegetais.

Também podem ser colocados vasos de flores, folhagens, pimenteiras, cactos, samambaias, etc., nos polos mágicos ou só no centro dos espaços mágicos.

Adiante, apresentaremos algumas fotos de Espaços Mágicos vegetais.

Iniciações nos Mistérios

Iniciar-se é receber de Deus e das divindades imantações e vibrações divinas que dotam o iniciado dos recursos indispensáveis para poder desencadear ações mágicas de grande alcance.

O ato de iniciar-se diante dos poderes e mistérios divinos implica assumir responsabilidades perante eles e adotar, daí em diante, uma postura de respeito e reverência para com eles, pois um mago iniciado de fato e de direito torna-se guardião humano dos mistérios perante os quais se iniciar.

Ser guardião de um mistério é trazer em si a sua imantação, suas vibrações e seus poderes de realização que, tais como "chaves mágicas", desencadeiam ações a partir do mago iniciado.

Guardião é o grau de alguém que "guarda" em seu íntimo as chaves ativadoras dos poderes de realização dos mistérios divinos, as quais recebe diretamente das divindades regentes deles.

Trabalhar com magia, muitos trabalham.

Fazer oferendas, despachos, firmezas, consagrações, etc., muitos fazem.

Servir-se de magias abertas que foram consagradas publicamente no decorrer dos séculos por meio das religiões, todos se servem das que conhecem.

Agora, ser iniciado diante e perante as divindades regentes dos mistérios e trazer em si as chaves ativadoras deles, só quem, de fato, recebeu delas suas imantações e vibrações divinas e foi "marcado e distinguido" com seus símbolos sagrados impressos em seus corpos divinos pode considerar-se como tal, pois dali em diante passou a trazer em seu "íntimo" ou no seu corpo mental as chaves ativadoras dos poderes e dos mistérios diante dos quais se iniciou e se consagrou como seu guardião humano.

A Magia Divina segue uma linha de iniciação própria, desenvolvida por mestres espirituais que a transmitiram para mim e exigiram que eu a preservasse como algo pessoal, só sendo ativada por quem se iniciasse por meio dela.

Assim, está sendo preservada a nossa chave iniciatória, pois só inicia-se de fato quem se iniciar comigo ou com quem também tiver se iniciado comigo.

Portanto, iniciar-se é integrar-se a uma linhagem de magos iniciados guardiões dos mistérios divinos ativáveis magisticamente.

Imitar-nos, já houve alguns imitadores que logo sumiram. E surgirão outros, que também desaparecerão, pois, por não fazerem parte da nossa "linhagem de iniciados", não iniciam ninguém de fato.

Iniciar-se diante dos poderes regentes dos mistérios divinos é consagrar-se a Deus e a eles como seus filhos e seus servos magos guardiões dos seus mistérios divinos, os únicos realmente capazes de ativar os poderes realizadores dos mistérios no grau que se iniciaram.

Iniciar-se perante os Tronos regentes e os Tronos guardiões do Mistério das Sete Ervas Sagradas é iniciar-se em um dos sete principais "elementos" formadores da natureza terrestre, tão indispensáveis à vida quanto os outros seis, identificados como elementos fogo, água, ar, terra, mineral e cristal que, juntos, formam o setenário sagrado elemental que corresponde aos sete sentidos da vida, que são estes:

Sentido da Fé
Sentido do Amor
Sentido do Conhecimento
Sentido da Justiça
Sentido da Lei
Sentido da Evolução
Sentido da Geração

O Elemento Vegetal nas Religiões e na Magia

Desde a Antiguidade nos chegam fragmentos de relatos ou de comentários sobre a "fitolatria", que é o culto religioso fundamentado na associação de algum poder divino a uma árvore, tida como sagrada pelos seguidores desses cultos, em que a associam à divindade e a tornam um "altar" natural onde realizam suas cerimônias mais ocultas e mais poderosas.

A essas "árvores sagradas" são atribuídos poderes mágicos transcedentais e são tidas como meios de se entrar em sintonia vibratória mental com as divindades associadas a elas.

Colocamo-nos de forma neutra perante as muitas formas de culto ao divino e aos muitos meios já desenvolvidos no decorrer do tempo e que melhor servem aos propósitos dos seguidores das muitas religiões, pois, observando os altares estilizados dentro dos templos e os altares naturais existentes na natureza, vemos que por meio de todos eles as divindades são "acessadas" e irradiam-se para as pessoas e os espíritos, postados de forma respeitosa e reverente "diante" delas.

Observando um altar simples, com só uma cruz sobre uma mesa, na cruz abriu-se um clarão esplendoroso e aos poucos ficou visível um portal na forma de um pórtico todo entalhado em desenhos semelhantes a ondas vibratórias, através do qual o divino mestre Jesus irradiava-se para todos os seus cultuadores ajoelhados respeitosamente e em prece silenciosa, clamando-lhe por bênçãos e amparo divino.

Observando um templo budista, durante o culto abriu-se um portal esplendoroso no seu altar, bem por detrás da imagem estilizada do "Budha" Sidarta Gautama, outro dos divinos mestres da humanidade.

E ele assentado no lado divino da criação, irradiava-se para todos os seus cultuadores, postados reverentemente diante da sua imagem humana.

Observando uma cachoeira durante o culto à Orixá Oxum, vimos um vórtice majestoso, sendo que do outro lado dele ela irradiava fluxos energéticos multicoloridos para todas as pessoas ajoelhadas diante da queda d'água.

Observando uma cerimônia à beira-mar em louvor à Orixá Iemanjá, quando começaram os cantos de louvação, abriu-se um vórtice e de dentro dele surgiu uma esplendorosa e irradiante divindade cujas vestes se fundiam com a água do mar, que se irradiou para todas as pessoas que participavam da cerimônia.

O fato é que observamos em todos os altares dos templos e os da natureza e vimos repetir-se a mesma coisa:

Divindades as mais diversas respondendo aos louvores e clamores dos seus adoradores, sendo que todas se mostravam a partir do lado divino da criação e, através dos vórtices ou portais, todas enviaram suas vibrações e eflúvios divinos aos seus adoradores.

Esse fato nos indica que não importa o tipo de "altar", pois a divindade invocada responde ao clamor e à devoção dos seus adoradores. Por isso, ao invocar uma divindade, tanto diante de uma cruz, de uma cachoeira, de uma imagem entronada ou de uma árvore, para a divindade o que conta não é o meio, mas sim a fé, a devoção e a sinceridade do seu adorador.

Sabedores disso, então não temos porque opor qualquer restrição à "fitolatria", tal como não temos em relação à "idolatria" ou à "simbolatria" ou à adoração de divindades por meio dos seis símbolos sagrados (a cruz, o pentagrama, o hexagrama, etc.), pois todos esses recursos são só afixadores, concentradores e direcionadores dos sentimentos de fé dos seguidores das muitas religiões existentes no plano material.

Esse esclarecimento é necessário para que o praticante da Magia das Sete Ervas Sagradas entenda que todos os "recursos" usados nas suas práticas magísticas são meios através dos quais as divindades "vegetais" precisam para atuar em nosso benefício.

O "espaço mágico" construído com símbolos e ervas, ao ser ativado, torna-se vórtices "multidimensionais" que interagem com os três lados da criação e que são estes: lado divino, lado natural e lado espiritual.

Na verdade, um espaço mágico assemelha-se a um altar, ainda que suas funções sejam específicas e tenham a justa duração do tempo necessário para a realização das ações mágicas determinadas pelo mago.

O espaço mágico é o campo de trabalho do mago e é "dentro" dele que tudo se realiza em benefício da pessoa necessitada.

Por isso e outras coisas mais é que a construção dos espaços mágicos obedece à simbologia; temos espaços na forma triangular, na forma de cruz, de quadrados, de círculos, de losângulos, de pentágonos, hexágonos, heptágonos, octógonos, etc.

Cada forma simbólica é em si uma mandala, um vórtice que absorve energias e vibrações negativas e irradia energias e vibrações positivas, benéficas às pessoas.

Até onde nos é permitido comentar, podemos revelar que um espaço mágico elemental vegetal na forma de um símbolo é uma reprodução localizada do campo de ação da divindade regente do símbolo e torna-se uma extensão do seu ponto de forças na natureza.

Por isso um espaço mágico é inesgotável na sua capacidade de absorver e de irradiar.

A única diferença nesse aspecto é que o espaço mágico tem de ser construído usando os elementos existentes no ponto de forças e deve ser ativado para realizar um trabalho análogo ao realizado por ele, que já possui seus elementos formadores. Então, só é preciso invocar sua divindade regente e pedir-lhe permissão para criar dentro do seu perímetro um espaço mágico delimitado com velas ou algum outro recurso delimitador.

Observem que mesmo no ponto de forças é preciso criar o "campo de trabalho magístico" ou religiosos delimitando-o na forma de um símbolo (um círculo, um quadrado, um losângulo, um pentágono, etc.).

A regra é geral e sempre é preciso delimitar a "área de trabalho" do mago ou do sacerdote, pois um altar é a reprodução de um ponto de forças e este já é em si um altar natural através do qual as divindades cultuadas nele nos auxiliam segundo nosso merecimento e necessidades, bastando-nos criar um vórtice dentro do seu "perímetro" ou do seu campo eletromagnético.

Como nem sempre os "santuários naturais" ou pontos de forças da natureza estão disponíveis ou acessíveis a todos os necessitados, Deus, em sua infinita misericórdia, criou a magia para que reproduzamos esses santuários naturais e seus altares elementais dentro de espaços mágicos simbólicos elementais.

Ao reproduzi-los em locais neutros e ativá-los corretamente, temos à nossa disposição um recurso poderoso do qual nos servimos para realizar ações mágicas as mais diversas, abrangendo vários aspectos da nossa vida, beneficiando-se do poder divino que flui através dos elementos colocados dentro deles.

Isso facilita a solução de problemas de fundo espiritual que só seriam resolvidos com a nossa ida a um ponto de forças da natureza, onde abriríamos um vórtice ou portal mágico localizado dentro do santuário natural de determinada divindade.

Com isso entendido, esperamos que todas as pessoas que têm afinidade com a magia venham iniciar-se e ter em si e nos elementos vegetais os recursos e os meios de reproduzir dentro de um pequeno "espaço mágico vegetal" o mesmo poder magístico que teria se fosse até uma mata ou uma floresta e abrisse dentro dela um espaço mágico para trabalhar nele e com ele seus problemas ou os dos seus semelhantes.

Afinal, uma floresta pode ser intensa, mas quem vai até ela para realizar dentro dela um ritual religioso ou magístico é obrigado a delimitar o espaço religioso onde realizará todo o seu ritual, criando dentro dele uma réplica simbólica do seu templo, com um "altar" direcionador das orações e dos clamores à divindade "vegetal" ali cultuada, assim como delimita um espaço mágico em forma de círculo (ou de triângulo, de losângulo, de quadrado, etc.) dentro do qual coloca diversos elementos (velas, bebidas, incenso, frutas, fitas, toalhas, etc.) antes de invocar a força ou o poder com o qual irá trabalhar em benefício próprio ou de terceiros.

Na verdade, não se trabalha com a mata ou a floresta, e sim dentro dela e com as forças e poderes que a regem ou são guardiões dos mistérios "vegetais".

O mesmo acontece quando alguém vai realizar um ritual religioso ou magístico ou magístico-religioso em qualquer um dos outros campos vibratórios elementais da natureza em seus pontos de forças ou santuários naturais das divindades-mistérios.

Fazem-se oferendas rituais magístico-religiosas em todos os santuários naturais, tais como:

Nas cachoeiras
Nos rios
Nos lagos
À beira-mar
Nos caminhos

Nas montanhas
Nas pedreiras
No tempo, em campo aberto
Nas encruzilhadas
Em grutas, jardins, bosques, porteiras, cemitérios, etc.

Ao não estudioso do mistério das oferendas pode parecer que essas práticas são recentes e típicas de seguidores dos cultos afro-brasileiros. Mas isso não é verdade, pois desde eras remotas todos os povos sobre a face da Terra vêm recorrendo às oferendas mágico-religiosas para os mais diversos fins, desde um pedido de ajuda até para afastar pragas das lavouras.

A Umbanda tem só cem anos de existência e também se serve desse recurso mágico-religioso adaptado aos seus ritos e às suas divindades. Mas desde os sumérios, os acadianos, os caldeus, os hititas, os egípcios, os hindus, até os gregos e os romanos, desde os polinésios, os africanos até os incas e os astecas, sem exceção, todos recorreram ou ainda recorrem às oferendas mágico-religiosas, sempre dispondo de forma ordenada e repetitiva os elementos mágicos (pedras, frutas, flores, sementes, raízes, "comidas", etc.).

Ora, se todos os povos e todas as religiões naturais sempre se serviram do mistério das oferendas mágico-religiosas para agradecerem as divindades ou para serem ajudados por elas, essas oferendas rituais mágico-religiosas vêm auxiliando no decorrer dos tempos a milhões de pessoas no mundo todo, justamente porque a magia ritual é um dos recursos colocados à disposição de todos pelo Divino Criador para que possam auxiliar-se ou auxiliar seus semelhantes necessitados.

Nada é novo ou recente nesse campo, e povos antigos e suas religiões já extintas no plano material possuíam formulários ofertatórios mágico-religiosos elaboradíssimos e poderosíssimos, aos quais recorriam e os faziam em dias específicos, sendo que isso tudo está registrado em livros de História e das religiões já extintas.

Alguém pensar que a ida de pessoas aos pontos de forças da natureza para realizar rituais mágico-religiosos é algo recente ou que é criação dos cultos afros aqui estabelecidos só há alguns séculos e, pela Umbanda, de um século para cá, é um engano de quem assim crê ou é porque não estudam a História e as religiões dos povos antigos de milhares de anos atrás.

Além de um engano, é muita pretensão de pessoas que assim pensam e creditam todas as "atividades" nesse campo a algumas pessoas que aqui aportaram há apenas alguns séculos.

Saibam que os antigos egípcios, já há 4.000 anos, possuíam seus rituais mágico-religiosos elaboradíssimos, assim como os antigos povos hindus, chineses e polinésios.

Nada é novo e nada de novo foi criado nesse campo; o que acontece de tempo em tempo é uma renovação das ancestrais práticas mágico-religiosas e suas readaptações aos novos tempos e ao novo estado de consciência da humanidade.

E, porque hoje vivemos no terceiro milênio d.C. e evoluímos nossos conceitos mágico-religiosos e nosso atual estágio evolutivo e estado de consciência, já não comporta determinados procedimentos no campo das oferendas e dos rituais que as realizam; então temos na "Magia Divina" um recurso adaptado ao nosso tempo e evolução, que já não comporta sacrifícios ofertatórios sangrentos ou feitos com certos elementos animais.

A Magia Divina, em seus 21 graus, forma um conjunto de práticas magísticas próprias, em nada inferior às antigas e poderosas práticas mágico-religiosas de todos os povos da Terra, desde os mais antigos até os mais recentes.

E um dos 21 graus é justamente a Magia das Sete Ervas Sagradas, que usa em seus "espaços mágicos" só elementos vegetais (raízes, folhas, flores, frutas, sementes e pós vegetais) e mais alguns outros elementos, tais como: velas, água, cristais, etc., todos recolhidos da natureza ou feitos com elementos fornecidos por ela, não usando nada de origem animal.

Portanto, na Magia das Sete Ervas Sagradas seu elemento principal são os vegetais. E seus espaços de trabalhos mágicos, todos são feitos de acordo com a simbologia sagrada e podem ser feitos e ativados em qualquer lugar, pois a Magia Divina é um conjunto de práticas mágicas pensando para todas as pessoas, independentemente da religião que sigam.

E pode ser ativada em qualquer lugar porque nela os elementos usados são só os concentradores, os condensadores, os afixadores, os transmutadores e os irradiadores de vibrações mentais vivas e divinas enviadas para nós pelas divindades-mistérios de Deus, às quais denominamos por "Tronos divinos", porque são poderes estáveis da criação e que tanto atuam através de um ou de outro elemento formador da matéria e da natureza terrestre.

Quem rege a Magia Divina é Deus e seus Tronos divinos ou suas divindades-mistérios.

Magias Vegetais – Magia com as Raízes

As raízes, algumas tidas como "poderosas", já vêm sendo usadas há milênios em todo o mundo nas práticas mágicas puras ou nas magias religiosas.

Quem já não leu algum conto mágico ou viu algum filme em que usam a mandrágora como elemento mágico poderosíssimo?

Quem já não leu ou já não viu pós feitos com raízes tidos como "milagrosos"?

Quase todo mundo, não é mesmo?

Pois bem! Saibam que por trás do que muitos chamam de "crendices populares" ou de "simpatias" estão raízes com princípios mágicos específicos e já consagrados, publicamente, no decorrer do tempo devido às suas eficácias quando usadas com conhecimento de causa por magos iniciados.

Assim, se temos muitas raízes já consagradas publicamente na magia, no entanto, todas as raízes possuem seus "princípios mágicos ativos", em sua maioria, desconhecidos dos praticantes de magia.

Toda raiz possui seu "princípio mágico ativo", e só precisamos colocá-la dentro de um espaço mágico e ativá-lo para que ela realize um trabalho magnífico em benefício das pessoas necessitadas.

Na magia, entendemos como "raízes" tanto as raízes de uma árvore quanto os "frutos" de certas plantas e que crescem dentro da terra.

Uma beterraba é uma "raiz".
Uma cenoura é uma "raiz".
Uma mandioca é uma "raiz".
Um gengibre é uma "raiz".
Uma mandrágora é uma "raiz".
Um inhame é uma "raiz".

E muitas outras aqui não citadas recebem na Magia Divina a denominação de raízes.

Só para que tenham uma ideia dos "princípios mágicos ativos" delas, citemos algumas ações já observadas por magos clarividentes.

Beterraba:

Essa raiz, quando ativada magisticamente, libera uma energia líquida de cor violeta que regenera o corpo energético e a aura das pessoas.

Cenoura:

Essa raiz, quando ativada magisticamente, libera uma energia líquida de cor alaranjada que é ácido-corrosiva e penetra no espírito das pessoas e vai dissolvendo e diluindo todos os tipos de miasmas e larvas astrais, assim como corrói todas as projeções de "instrumentos mágicos" usados para atingir pessoas vítimas de magias negativas.

A energia liberada pela raiz da cenoura é tão poderosa que seu princípio mágico, quando ativado, consome até as energias deletérias provenientes de "magias negras" feitas com sangue de bichos sacrificados com propósitos destrutivos.

Ela, ao envolver os seres trevosos invocados pelos "magos trevosos", corrói e dissolve seus corpos espirituais e os reduz a ovoides mergulhados na dor.

Isso, e muito mais, uma "inocente" raiz da cenoura faz quando seu "princípio mágico" é ativado dentro de um espaço mágico da Magia Divina das Sete Ervas Sagradas.

Mas aqui não revelaremos sobre a "raiz" cenoura, e que cada um medite sobre o que acabamos de revelar.

Mandioca:

A raiz da mandioca, quando ativada magisticamente, tanto libera uma energia líquida ácida purificadora quanto projeta cordões semelhantes a raízes, que tanto envolvem numa rede ou teia poderosa quanto esgota energeticamente o "negativismo" dos espíritos trevosos e dos elementos usados nos trabalhos de magias negativas ou "magias negras".

É ótima para cortar trabalhos de magia negativa, enterradas em buracos, poços, covas, lodo, pântanos, etc.

Seu poder "drenador" é magnífico.

Gengibre:

A raiz do gengibre possui um princípio mágico que, quando ativado, libera uma energia "cicatrizante" que envolve o espírito da pessoa como uma camada gelatinosa que vai fechando todos os buracos, cortes e perfurações feitas nele por meio de magias negativas realizadas com instrumentos mágicos (facas, punhais, agulhas, ferros, espetos, etc.).

Mandrágora:

A raiz de mandrágora libera uma energia que se internaliza no espírito da pessoa necessitada de auxílio e condensa-se nos órgãos dos sentidos estimulando-a e dando-lhe "impetuosidade e instintivismo".

Inhame:

A raiz do inhame libera uma energia que fortifica, vitaliza e potencializa o corpo energético das pessoas e é alcançada por seu princípio mágico ativo.

Aqui, só comentamos sobre uma ou duas ações mágicas dessas raízes, mas elas realizam muitas outras.

Observem que pegamos para exemplo algumas raízes já consgradas publicamente (gengibre, mandrágora e inhame) e outras que não são tidas como raízes mágicas (cenoura, beterraba e mandioca).

Se trouxermos essas raízes para o campo das suas regências, temos isto:

Beterraba → regida pelo Trono Feminino da Evolução
Cenoura → regida pelo Trono Feminino da Lei
Mandioca → regida pelo Trono da Vitalidade
Mandrágora → regida pelo Trono dos Desejos
Inhame → regido pelo Trono da Lei
Gengibre → regida pelo Trono Feminino da Justiça.

Essas regências divinas significam que esses Tronos são os responsáveis pela "concretização" na matéria dessas "raízes".

Elas possuem "princípios mágicos ativos" análogos aos poderes divinos dos seus regentes que, quando ativados mentalmente em nosso benefício, atuam em nós através dos nossos sentidos.

Mas, quando ativados através de suas raízes, atuam em nosso benefício elementalmente e são capazes de fazer amplas limpezas do nosso corpo energético.

Observem que citamos só seis tipos de raízes.

Agora, imaginem o vasto campo de trabalhos magísticos abrangidos pelas "raízes" já que cada espécie de planta possui a sua raiz.

E, aqui, citamos só raízes comestíveis (exceto a mandrágora), fáceis de ser adquiridas no mercado de verduras e legumes, fato esse que facilita o trabalho do mago, pois pode comprá-las no comércio próximo de sua casa, desobrigando-se de se embrenhar nas florestas para colhê-las.

Lembrem-se que no campo das ervas não existem ervas fortes ou fracas, e sim cada erva, desde a mais delicada à mais rústica, desde a já consagrada publicamente até a mais desconhecida, todas possuem seus princípios mágicos ativos, bastando-nos descobrir onde melhor eles se realizam como "princípios mágicos vegetais".

Os Caules na Magia das Sete Ervas

Os caules, pouco valorizados na magia com as ervas, são tão poderosos e tão realizadores quanto as raízes e as outras partes dos vegetais.

Suas distribuições nos espaços mágicos devem obedecer aos raios de uma circunferência, com uma ponta próxima do centro e a outra em um polo mágico.

Podem ser distribuídos em cruz ou em octógono.

Também podem ser cortados em "rodelas" e colocados nos polos mágicos dos espaços de trabalhos magísticos.

Alguns, que são ocos, tal como o bambu, podem ser colocados nos polos mágicos como "copos", em cuja parte oca colocamos líquidos vegetais (óleos, bebidas, folhas maceradas na água, etc.) aumentando seus poderes de realização, pois se somam novos princípios mágicos ativos vegetais.

O tamanho ideal para os caules em "varas" é de 70 centímetros. O tamanho dos caules em "rodelas" varia de acordo com o tronco ou árvores (já derrubadas, é claro) onde foram serradas.

Os caules, quando ativados magicamente, abrem nas suas pontas poderosos vórtices absorvedores que são capazes de realizar poderosos trabalhos de purificação e recolhimento de magias negativas, que são recolhidas dentro deles e tanto desaparecem quanto são anuladas.

Ramas, Trepadeiras e Cipós na Magia das Sete Ervas

Existem muitas espécies de vegetais que crescem através de ramas compridas, tais como o maracujazeiro, a abóbora, a melancia; certas trepadeiras ornamentais, ramas que crescem sobre as árvores ou cercas (chuchu, bucha, ramagens não frutíferas e selvagens, etc.); cipós das mais variadas espécies; samambaias longas, etc.

Englobamos todas essas espécies vegetais aqui citadas e todas as outras como "ramas e cipós" para facilitar a compreensão e o uso magístico delas que, após serem ativadas dentro de um espaço mágico, se projetam ao infinito no lado etérico e vão até onde estão firmados trabalhos de magias negativas, aos quais envolvem por completo numa poderosa cadeia mágica e, após recolhê-los, anula--os integralmente.

Também, as ramas e os cipós projetam-se para a pessoa necessitada e tanto se concentram nos seus campos vibratórios descarregando-os, quanto penetram nos corpos internos e vão envolvendo, drenando e dragando todas as sobrecargas negativas de energias elementais quando removem miasmas, larvas astrais e fontes vivas parasitas projetadas contra pessoas vítimas de magias negativas.

As ramas e os cipós são poderosos elementos mágicos vegetais que não devem ser esquecidos pelos praticantes da Magia Divina das Sete Ervas Sagradas.

As Folhas na Magia das Sete Ervas Sagradas

As folhas são os mais abundantes recursos mágicos à disposição dos praticantes da magia com as ervas porque estão à nossa volta e em todos os lugares.

Algumas folhas são muito conhecidas na magia e outras sequer recebem a atenção de alguém nesse campo porque não sabem que elas (todas as folhas) possuem poderosos "princípios mágicos ativos vegetais" que os impressionariam se pudessem vê-las em ação mágica.

Nos ritos mágico-religiosos xamânicos e nos afro-ameríndio-brasileiros, os médiuns têm seus formulários de folhas para "sacudimento", para banhos de limpeza astral, de defumação, etc., em que uma boa quantidade de folhas já é de conhecimento geral e vêm auxiliando há muito quando usadas corretamente.

Já na Magia Divina das Sete Ervas Sagradas, como sabemos que todas as folhas possuem seus "princípios mágicos ativos", nos servimos de todo tipo de folhas, tanto as comestíveis quanto as selvagens ou impróprias para o consumo humano.

Não há folha fraca em magia, e sim as mais indicadas para determinadas ações mágicas.

Mas todas têm algo em comum: são profiláticas e regeneradoras do corpo energético espiritual. Muitas são balsâmicas; outras são curadoras e outras mais são energizadoras.

Outra coisa em comum é que todas as folhas, não importando o seu formato, são em si "portais naturais" para os reinos elementais e elementares vegetais.

Por serem em si "portais naturais" para os reinos vegetais, elas, após serem colocadas dentro dos espaços mágicos e serem ativadas magisticamente, projetam-se para as pessoas necessitadas, e tanto recolhem para dentro de si mesmas as sobrecargas energéticas ou espirituais negativas quanto repõem as perdas energéticas sofridas por elas devido ao esgotamento e ao vampirismo de suas energias.

As folhas também têm mais uma coisa em comum: se preciso, ampliam-se o quanto for necessário para envolver um ser espiritual ou mesmo uma residência, limpando-a e purificando-a.

Uma única folha projeta de si quantas réplicas for preciso, para trabalhar em benefício das pessoas necessitadas.

E, quando se faz necessário, por serem portais naturais vegetais, elas irradiam para as pessoas enormes quantidades de seivas vegetais purificadoras, curadoras, regeneradoras, vitalizadoras, revivificadoras, etc., tudo dependendo das necessidades de quem está sendo atendido pelo mago iniciado na Magia Divina das Sete Ervas Sagradas.

As Flores na Magia das Sete Ervas Sagradas

As flores são um mistério vegetal belíssimo, magnífico e poderosíssimo porque cada flor é em si uma mandala vegetal, completa nela mesma e capaz de realizar toda uma ação mágica.

Um espaço mágico vegetal feito com flores é um campo tão amplo de trabalhos magísticos, que só depende do mago para realizar vários trabalhos de magia ao mesmo tempo.

Enquanto as folhas são portais vegetais naturais, as flores são vórtices multidimensionais, multivibracionais e multienergéticos, não importando seu tamanho, formato ou cores.

- Se usarmos flores nos oitos polos mágicos de um espaço mágico octogonal e colocarmos no seu centro um copo com água, ao ativá-lo, abrem-se oito vórtices energéticos vegetais-aquáticos.
- Se colocarmos no polo central uma vela, abrem-se oito vórtices vegetais-ígneos.
- Se colocarmos no polo central um minério bruto ou industrializado, abrem-se oito vórtices vegetais-minerais.
- Se colocarmos no polo central um prato com terra, abrem-se oito vórtices vegetais-telúricos.

- Se colocarmos nos polo central um cristal de rocha, abrem-se oito vórtices vegetais-cristalinos.

Sim! O elemento colocado no polo mágico central dá a segunda qualidade, o segundo elemento e o segundo campo de trabalho do espaço mágico, pois se colocarmos no seu centro alguma outra parte de algum vegetal, determinamos o campo dos vegetais onde as flores (ou outros elementos vegetais) irão descarregar todas as sobrecargas negativas que recolherá durante suas ações mágicas, assim como retirarão daquele elemento central as energias que lhe são necessárias.

Na Magia Divina tudo tem seu fundamento e sua explicação, pois tudo é mistério.

As Frutas na Magia das Sete Ervas Sagradas

Sempre afirmamos que, em magia, tudo é importante e temos nessa parte de uma planta um magnífico recurso magístico, ainda que muitas frutas não estejam à nossa disposição o tempo todo, porque há um tempo certo para germinarem e serem colhidas.

Cada fruta tem sua época de colheita e em determinadas regiões muitas são raras ou até desconhecidas.

Mas isso não é um problema insolúvel, porque temos tantas à nossa disposição que, se não podemos usar uma, recorremos a outra para trabalharmos magisticamente.

As frutas são usadas na magia devido às energias que concentram e que, quando ativadas magisticamente, as irradiam em grandes quantidades.

Tal como todas as partes de uma planta, as frutas também estão ligadas a mistérios ainda desconhecidos por nós dentro do Mistério Maior das Sete Ervas Sagradas.

Mas, que seus princípios e poderes mágicos são magníficos, não tenham dúvidas.

Às vezes, deparamo-nos com pequenas frutas silvestres, cujos nomes desconhecemos ou deles não nos lembramos, mas que, quando podemos colhê-las e colocá-las nos espaços mágicos vegetais, nós nos surpreendemos com seus magníficos poderes mágicos.

Lembramos ao leitor que muitos frutos silvestres não são próprios para o nosso consumo e, se forem comidos, podem causar sérios danos à nossa saúde e até envenenar-nos, mas que são ótimos elementos mágicos vegetais, disso não temos dúvidas.

Algumas frutas são bem populares e fáceis de ser encontradas porque têm farta produção e são as mais recomendadas porque, ainda que não tenham uma consagração popular como "frutas mágicas", no entanto nos surpreenderam quando observamos suas ações mágicas.

Uva, abacaxi, laranja, carambola, abacate, ameixa, pêssego, coco, melão, manga, mamão, limão, tomate, cereja, framboesa, banana, maçã, caju, romã, maracujá, pera, etc., que são frutas que encontramos o ano todo no comércio especializado, são tão realizadoras quando ativadas magisticamente, que se não tomarmos cuidado, acabamos nos apegando a elas em nossos trabalhos de magia justamente pela facilidade de adquiri-las no comércio, ou mesmo de colhê-las na própria árvore ou arvoredo que as produzem.

Aqui, vou relatar um fato que esclarecerá melhor o poder magístico das frutas.

Eu sou umbandista e sou médium de incorporação, caso o leitor não saiba.

Pois bem!

Eu era um médium dedicado e aplicado e fazia ao pé da letra o que os meus guias espirituais determinavam. Quando determinavam um banho com pétalas de rosas brancas, eu corria para comprar algumas e, antes de ir ao centro que eu frequentava, preparava meu "banho de rosas".

Se determinavam que tomasse banho de canjica (milho de canjica fervido até a água ficar toda branca e leitosa), eu tomava meu banho de canjica sem questionar nada.

Se determinavam que tomasse banho com folhas (alecrim, espada-de-são-jorge, guiné, arruda, erva-cidreira, boldo, folhas de louro, manjericão, etc.), eu tratava de adquirir aquela(s) recomendada(s) e tomava meu "banho de ervas".

Se propunham que eu fosse à natureza e fizesse uma oferenda para um Orixá ou guia espiritual e levasse velas de determinada cor, certas bebidas, certas frutas, certas flores, etc., eu procurava fazer tudo certo e não deixava faltar nada, sendo que, às vezes, até exagerava.

Até aqui nada de mais, porque é assim que procedem todos os médiuns umbandistas dedicados e aplicados.

Portanto, não é mérito algum meu proceder assim, pois esse é o nosso dever: obedecer às orientações dos nossos guias, que nos amam e querem o melhor para nós, mesmo não sabendo como eles nos ajudam.

O fato é que eu, um curioso incorrigível, comecei a prestar atenção às oferendas e conversava com outros médiuns sobre elas.

E, em nossas ingênuas e bem intencionadas conversas sobre as "coisas" que colocávamos em nossas oferendas, não atinávamos com o poder mágico dos "elementos" mágicos que "entregávamos" aos nossos guias espirituais e aos nossos Orixás.

Inclusive, as formas de indicá-las obedecem a uma liguagem própria, pois às vezes diante de um guia para uma consulta, ele dizia:

– Filho, você precisa dar uma oferenda para o Orixá tal ou para o guia tal porque precisa fortalecê-lo.

Outra vez, outro guia espiritual recomendava isto:

– Filho, você precisa firmar uma vela de sete dias para o seu Orixá; seu caboclo; seu anjo da guarda, etc., porque ele está fraco e só assim ele poderá ajudá-lo.

Outras vezes, um guia espiritual dizia isto:

– Filho, você está com uma demanda e para cortá-la você precisa dar uma oferenda para um Orixá, um guia da direita ou um guia da esquerda para ele cortá-la e descarregá-lo.

Outra vez, um guia espiritual dizia isto:

– Filho, essa pessoa está com uma demanda muito forte e só levando-a no ponto de força do Orixá tal e fazendo uma oferenda para ele é possível ajudá-la, porque não podemos mexer nesse trabalho aqui no terreiro.

Pois bem, nós, médiuns, obedecíamos e tudo ficava bem. Mas, em nossa ignorância e ingenuidade (no bom sentido, é claro), ficava a impressão de que só seríamos ajudados se "déssemos" algo em troca.

E, para complicar ainda mais o nosso aprendizado, a comunicação dos Exus e Pombagiras colocava uma pá de cal sobre o assunto, pois diziam em alto e bom som:

– De graça, Exu não faz nada!

Aí dava um nó cego em nossa religiosidade porque, em nossa ignorância e ingenuidade, eles deixavam claro que só trabalhariam em nosso benefício se fossem "pagos".

Para piorar as coisas, ainda tinha algum Exu que dizia isto:

– Quero agora um oferenda assim e assim para ajudá-lo a conseguir isso (um emprego, saúde, um relacionamento, etc.) e, depois que conseguir, aí você me dará outra oferenda de agradecimento assim e assim, certo?

E, se não der, aí você perderá tudo o que eu lhe dei, ouviu?

Esse era o alerta extremo e fez com que muitos "pagassem" rigorosamente o que "deviam".

Isso era assim, isso é até hoje e sempre será assim, não porque as entidades espirituais precisam ser pagas de fato, e sim porque as oferendas (ou despachos ou ebós) fornecem-lhes os recursos energéticos que precisam para poder nos auxiliar. Apenas a forma como pedem esses recursos deixava (e ainda deixa) uma indagação no ar:

– Por que preciso pagar ou dar algo em troca para ser ajudado?

Na verdade, essa é a grande verdade jamais revelada, mesmo sendo "guias espirituais" eles precisam (em certos casos) de que lhes forneçamos os "recursos elementais" para, manipulando-os magisticamente, ajudarem-nos.

Até certo ponto, eles nos auxiliam com o que possuem em si como seus "poderes pessoais". Mas, dali em diante, ou recebem numa oferenda ritual mágico-religiosa os elementos que precisam ou não têm como trabalhar em nosso benefício, porque só ativando os elementos magisticamente conseguirão fazer por nós o que só a "magia elemental" consegue fazer.

Talvez, se tudo tivesse sido colocado de outra forma, tudo teria sido mais fácil para as pessoas que precisavam de auxílio e teriam entendido que na verdade não estavam pagando nada, e sim fornecendo só os recursos elementais (ou energia dos elementos) para que as entidades pudessem trabalhar seus problemas, pois na criação tudo é energia nos mais variados graus vibratórios e "sem energia não se produz nada".

Os elementos colocados dentro de um espaço mágico (ou em uma oferenda ritual mágico-religiosa em um ponto de forças da natureza) são as fontes naturais geradoras das energias mais "densas" que existem. Elas, quando ativadas corretamente, realizam coisas que nenhuma outra energia consegue realizar.

Hoje, olhando com outros olhos o meu passado e o que acontece por aí afora com as "oferendas", sinto uma imensa tristeza por não ter tido um guia espiritual ou ao menos uma só pessoa que nos explicasse essas coisas e foi preciso que um espírito mensageiro cujo nome simbólico é "Pai Benedito de Aruanda" começasse a nos ensinar por meio dos livros psicografados por mim, fornecendo-nos gradualmente a resposta para muitas das nossas práticas "mágico-religiosas" umbandistas.

E foi preciso a vinda de um espírito mensageiro chamado "Mestre Seiman Hamiser Yê" para nos abrir parcialmente os fundamentos divinos da magia, permitindo-nos uma compreensão do que já fazíamos, mas não conhecíamos seus fundamentos ocultos.

Dali em diante, tudo assumiu seu real significado.

Dar forças a um guia, não era porque ele estava fraco, e sim era fornecer-lhe os recursos elementais magísticos para que ele pudesse trabalhar em nosso benefício.

Dar determinadas frutas, bebida, velas, etc., em uma oferenda, não é porque o guia ou o Orixá precise "comer e beber", e sim porque são recursos elementais mágicos com os quais nos ajudam na solução dos nossos problemas.

A Magia das Sete Chamas nos abriu parte dos Mistérios Mágicos do Fogo.

A Magia das Sete Pedras nos abriu parte dos Mistérios Mágicos dos Minerais.

A Magia das Sete Ervas nos abriu parte dos Mistérios Mágicos das Plantas.

E assim foi com todos os outros graus iniciáticos da "Magia Divina", aberta para o plano material através de mim por mestre Seiman Hamiser Yê.

Na Magia das Sete Ervas, as frutas deixaram de ser vistas como alimentos e tornaram-se "fontes geradoras de energias elementais vegetais" magníficas e poderosíssimas, assim como são em si portais naturais para as dimensões vegetais energéticas, regidas e guardadas por "Tronos energéticos vegetais elementais", divindades naturais cujos mistérios energéticos sustentadores da criação "vegetal" são ativados e atuam em nosso benefício sempre que criamos uma "mandala vegetal" com frutas.

Por serem em si portais naturais, quando uma fruta é colocada dentro de uma mandala, ela se torna um vórtice capaz de absorver toda a sobrecarga energética negativa das pessoas que o mago colocar dentro da sua "mandala mágica vegetal".

Abrimos a Magia Divina das Sete Ervas Sagradas em 2001 e, dali em diante, todas as pessoas que se iniciaram começaram a trabalhar com as mandalas vegetais em benefício dos seus semelhantes, "popularizando" o uso mágico das ervas, antes só do conhecimento dos "guias espirituais", que não revelavam nada a ninguém.

A criatividade natural dos magos iniciados foi tão grande que fizeram combinações e descobertas magníficas sobre ervas até então desprezadas pelos praticantes da "magia tradicional" que, por desconhecerem que toda erva traz em si seu "princípio mágico ativo", só recorriam às ervas já consagradas publicamente por intermédio das "religiões mágicas" que as usavam em suas cerimônias.

Minha maior "alegria" se deu quando vi, em 2006, umas fotografias de um dos nossos maiores críticos e adversários postado de joelhos diante de uma "mandala vegetal" copiada da nossa Magia das Sete Ervas.

Ele, o nosso implacável "crítico e inimigo", que bem sabíamos, não era um mago iniciado por nós (e por ninguém mais), deixou-se fotografar dentro do seu centro diante de uma "mandala vegetal" criada por nós, os iniciados na Magia Divina das Sete Ervas Sagradas.

Essa pessoa crítica, querendo mostrar-se aos seus seguidores como "grande iniciado", riscara uma mandala hindu e colocara sobre ela vasos de flores, frutas, sementes, pós vegetais, etc., copiando-nos descaradamente porque provavelmente viu algum mago iniciado por mim trabalhando com alguma mandala criada por ele.

Só que a "pessoa crítica", por não ter sido iniciada e não ter recebido as sete imantações divinas dos Tronos regentes e guardiões do Mistérios das Sete Ervas Sagradas, não conseguiu ativar os mistérios mágicos vegetais e os "princípios mágicos ativos" dos vegetais colocados em sua "mandala hindu", fato esse que foi comprovado por dois ótimos clarividentes que observaram demorada e detalhadamente a fotografia e ambos deduziram que era uma belíssima mandala hindu enfeitada com plantas, flores, frutas, velas, etc., mas não passava do que viam, pois estava neutra no seu etérico porque, por não ter sido iniciada, a "pessoa crítica" não tinha em si as "chaves mágicas" ativadoras tanto da belíssima mandala hindu quanto dos "princípios mágicos ativos" das plantas que colocara dentro dela.

Justa punição da lei a um "copiogista" que, sem ter sido iniciado por nós, achou que bastava copiar nossas mandalas para elas funcionarem.

Essa "pessoa crítica" não foi a única que "quebrou a cara", pois vários outros imitadores surgiram no decorrer dos anos, sendo que nenhum deles prosperou no campo da magia porque não haviam sido iniciados e acreditavam que bastava imitar nossas mandalas e magias divinas para obterem resultados.

Vendo multiplicarem-se os imitadores, todos críticos do nosso trabalho, perguntei ao mestre Seiman isto:

– Mestre Seiman, o que devo fazer para conter esses imitadores da nossa Magia Divina que para nós, os seus praticantes, é sagrada?

– Você não deve fazer nada.

– Como não?!! São imitadores "baratos" e estão desvirtuando nosso trabalho, que é sério e tem por objetivo auxiliar de fato as pessoas necessitadas, mestre!

— Eu sei disso, filho.
— Então...
— Não faça nada, está bem?
— Está, mas por que não fazer nada?
— Filho, vamos observar o que acontece na magia religiosa?
— O que acontece nela, mestre Seiman?
— Observe isto: uma pessoa vai a um centro de Umbanda e, ao se consultar com um guia espiritual, este lhe recomenda que ela leve uma oferenda em determinado ponto de forças da natureza e faça-a como ele determinar, certo?
— Isso é certo, mestre.
— O que acontece depois que a pessoa faz a oferenda que o guia pediu?
— O guia a ativa e direciona o poder mágico dos elementos e das divindades resnponsáveis pelo ponto de forças para auxiliarem a pessoa necessitada, certo?
— É certo, sim. Agora, diga-me: foi a pessoa que fez a oferenda que a ativou?
— Não, senhor. Foi o guia espiritual.
— Por que a pessoa não ativou a oferenda, se ela a fez exatamente como lhe foi recomendado?
— É porque ela não foi iniciada pelas divindades nos seus mistérios mágicos?
— Exatamente, filho! A pessoa não era iniciada e não a ativaria. Mas o guia espiritual (e só é guia o espírito que for iniciado) era e ele, ao seu modo, ativou o espaço mágico ocupado pela oferenda, assim como ativou os princípios mágicos dos elementos colocados dentro dele e, também a seu modo, determinou todas as ações mágicas a serem realizadas em benefício da pessoa necessitada.

Isso é assim com uma oferenda na natureza e é assim com aquela vela e o copo de água que os guias mandam as pessoas firmarem para eles ou para algum Orixá dentro da casa delas.

É assim com um banho de ervas, com um despacho ou um descarrego, etc.

Só quem é iniciado em algum mistério consegue ativá-lo magisticamente, filho!

— Até aqui, entendi que sem um iniciado ativando "magisticamente" o espaços mágicos e os elementos colocados dentro dele não há trabalho magístico, certo?
— Isso é certo, filho.

– Então como ficamos com os imitadores, pois as pessoas que vão até eles não sabem que eles não foram iniciados?

– O tempo lhes proporciona o descrédito e a lei das ações e das reações inscreve no carma deles seus débitos para que, posteriormente, respondam pelas suas más ações e intenções negativas, pois não estavam autorizados para iniciar ninguém, e muito menos trabalhar magisticamente só para tirar dinheiro das pessoas necessitadas, enganando-as vilmente.

– A lei maior cuida deles, não?

– Isso mesmo, filho.

– Então não devo me preocupar com os imitadores e os copiologistas?

– Não mesmo!

– A lei maior cuidará deles, certo?

– Ela já está cuidando, filho.

– Obrigado pelo esclarecimento, mestre.

– Filho, ainda que muitos duvidem, a Lei Maior e a Justiça Divina cuidam de tudo e de todos e não deixam de proporcionar a cada um o que lhes é do merecimento.

A lei das ações e das reações, que você chama de "lei do retorno", no tempo certo, devolve a cada um tudo o que ele já fez de bom... ou de ruim, certo?

– Certo, mestre Seiman!

Essa explicação dada a mim, em 2002, tranquilizou-me e não me preocupei mais com os imitadores, sempre à espreita de uma nova "abertura" de algo bom para poderem imitar e explorar ou enganar os seus semelhantes.

De fato, os imitadores e os copiadores vêm... e desaparecem!

Pois bem!

Voltando ao uso mágico das frutas, o fato é que cada fruta é em si um vórtice energético elemental natural e, assim que é ativada, seu princípio mágico flui com a ação energética que está sendo realizada.

E 24 horas após ter sido ativada magisticamente, seu princípio mágico desativa-se e ela volta a ficar neutra, podendo até ser comida pelas pessoas.

Diferente de uma fruta (ou qualquer outro elemento de magia) usada em um "descarrego espiritual", após o qual ela deve ser despachada na natureza, em alguns dos seus pontos de forças, a fruta colocada dentro de uma mandala vegetal volta a ficar neutra 24 horas depois do momento em que o seu "princípio mágico" foi ativado.

Já com a fruta (ou qualquer elemento mágico) usada em um descarrego, ela recolhe em si a "carga" energética e espiritual e vai pouco a pouco liberando-as no ponto de forças.

É por isso que não se deve pegar nada de um despacho, por mais tentador que seja. Até porque, em muitos casos, os elementos usados recolhem "imantações negativas" e as retêm em si, tornando-se de forma permanente um objeto "azarado" e que atrai para quem o pegar tudo que for negativo que estiver por perto.

- Correntinhas, pulseiras, anéis, ferramentas, etc., são minérios e absorvem imantações magnetizando-se positiva ou negativamente.
- Nas imantações positivas, o "magnetismo" do objeto atrai vibrações positivas e repele vibrações negativas.
- Nas imantações negativas, o "magnetismo" do objeto atrai vibrações negativas e repele vibrações positivas.

Portanto, um objeto ou elemento usado para um descarrego deve ser despachado porque recolhe em si as imantações negativas que estavam atraindo para a pessoa "carregada" todos os tipos de desgraça possíveis.

Isso é assim nos descarregos feitos nos centros ou por médiuns iniciados magisticamente perante as divindades.

Saibam que, não é porque uma pessoa é médium que ela já é uma iniciada perante os Orixás. Não mesmo!

Só é iniciado perante os Orixás quem for iniciado diante deles por outro médium já iniciado, com o grau de "dirigente espiritual" e que esteja na direção do seu centro de Umbanda ou de Candomblé.

Engana-se o médium que, só porque foi iniciado, já acha que pode iniciar outros médiuns. Enquanto médium iniciado, ele já tem a outorga de trabalhar nos pontos de forças regidos pelos Orixás. Agora, quanto a iniciar outros médiuns, só quando receber a outorga do seu mentor espiritual para abrir seu próprio centro é que, aí sim, poderá iniciar outros médiuns.

E não são poucos os "médiuns" que sequer foram iniciados perante os Orixás e já se julgam aptos a iniciar outros médiuns.

Só que não funciona assim e o que se faz são apenas apresentações, nada mais, pois toda iniciação, de fato, de um médium, só ocorre se ele recebê-la pelo dirigente de um centro estabelecido, que foi iniciado por outro dirigente também... iniciado por outro dirigente.

Todo iniciador tem de estar ligado a uma linhagem de iniciadores, que formam uma corrente cujo início está em alguém que a iniciou.

O iniciador tinha a missão de iniciá-la aqui no plano material e abrir toda uma linhagem que vai se propagando através do tempo e se expandindo através dos novos iniciados, que com o tempo tornam-se novos iniciadores.

Assim é com as religiões, assim é com a Magia Divina.

Não basta só saber como é para poder atender pessoas ou para iniciar novos magos. É preciso ter sido iniciado em uma linha de iniciação por um mago iniciado nela, pois, aí sim, receberá das divindades as imantações divinas e as chaves ativadoras dos princípios mágicos dos elementos e dos poderes realizadores dos mistérios invocados "por trás" deles.

Por isso, algumas frutas, flores, velas, etc., quando solicitadas pelos guias espirituais nas oferendas na natureza, realizam verdadeiros milagres na vida das pessoas que as fazem.

Também, por isso tudo que comentamos, as mandalas de "ervas" feitas e ativadas por magos iniciados em nossa Magia Divina têm auxiliado tantas pessoas desde que a Magia Divina das Sete Ervas Sagradas foi aberta ao plano material por mestre Seiman Hamiser Yê, o nosso mestre iniciador.

As Sementes na Magia das Ervas

O uso de determinadas sementes em magia é antiquíssimo e algumas são tidas como poderosíssimas, constituindo-se em verdadeiros talismãs ou amuletos protetores após passarem por consagrações específicas.

"Contas de rosário", coquinho, "olho-de-cabra", "olho-de-boi" e sementes de algumas árvores nativas da África ou do Brasil são usadas para a fabricação de colares protetores ou para trabalhos de magia.

Enfim, não há nada de novo no uso mágico das sementes, ou melhor, não havia até iniciarmos a Magia Divina das Sete Ervas Sagradas, abrirmos o mistério por trás delas e ensinarmos como construir espaços mágicos ou mandalas vegetais com todos os tipos ou espécies de sementes, desde as já reconhecidas como "sementes mágicas" até as usadas na nossa alimentação.

Após a abertura do mistério das sementes, regido pelos Tronos da geração e da renovação, abriu-se todo um novo campo de trabalho com as sementes.

De prática em prática, de observação em observação do trabalho magístico realizado por todas as sementes, concluímos que não há semente "forte" ou "fraca", e sim que todas realizam magníficos trabalhos de limpeza energética, de descarrego espiritual, de cura energética, de anulação de magias negativas, etc.

Enfim, não há campo que elas não atuem com um magnífico poder de realização.

As sementes se apresentam de várias formas, desde minúsculos grãos de gergelim até enormes caroços de abacate ou de manga.

Sementes de flores, de plantas silvestres, cujos nomes nos são desconhecidos, todas "funcionam" na Magia Divina.

- Sementes de trigo, de arroz, de milho de canjica, de melão branco, de maracujá, de anis e de goiaba branca são ótimas para curar doenças infecciosas.
- Sementes de caju, de laranja, de abóbora, de limão, de melancia e de girassol são ótimas para "descarregos espirituais", recolhendo desde espíritos sofredores aos quais curam e encaminham até espíritos obsessores, aos quais aprisionam e esgotam-lhes todo o negativismo.
- Caroços de abacate, de pêssego, de nectarina, de manga, de pitanga, de ameixa, de cereja, de tâmara e de azeitona são em si "campos" fechados que, quando ativados magisticamente, conseguem recolher dentro de si todo um trabalho de magia negativa, ao qual enviam integralmente aos polos negativos das irradiações divinas.
- Os mais diversos "tipos" de "feijões" são em si símbolos, aos quais abrem assim que são ativados magisticamente e penetram dentro do espírito da pessoa colocada dentro do espaço mágico e, já dentro dele, começam a absorver miasmas, larvas astrais, fontes vivas e criaturas elementares parasitas, fazendo uma limpeza magnífica do espírito dela. E após limpá-lo, começa a energizá-lo, repondo suas perdas energéticas.

Enfim, existem tantas espécies de sementes, todas poderosíssimas, que deixamos ao critério ou à intuição de cada um com qual ou quais construir sua mandala ou espaço mágico vegetal.

O importante é que saibam que todas possuem seus princípios mágicos e nenhuma é forte ou fraca, e sim cada uma realiza a seu modo sua ação mágica.

Os Pós Vegetais na Magia das Ervas

Os pós vegetais sempre foram usados na magia, e temos inúmeras referências a eles na literatura esotérica, nos contos de fadas, nos livros de bruxaria, em filmes, etc.

Logo, não é assunto desconhecido dos magos.

Os pós são feitos de minerais e de vegetais e, como aqui tratamos da Magia Divina das Sete Ervas Sagradas, concentremo-nos no nosso elemento mágico vegetal, que são os vários pós obtidos com a moagem ou pilação de grãos, raízes, frutas, flores e folhas secas, etc.

A variedade de pós vegetais para uso mágico é enorme, e temos muitos ao alcance da mão se soubermos que o mesmo grão de milho, que já realiza um magnífico trabalho de limpeza e purificação, caso for moído ou triturado e transformado em pó ou farinha de milho, quando colocado dentro de uma mandala ou espaço mágico, e ativado, atua como uma nuvem cintilante que vai neutralizando e recolhendo em seu mistério mágico tudo de "negativo" que envolver, carregando consigo toda a negatividade que estiver impregnada no espírito de uma pessoa magiada ou sobrecarregada por energias elementais negativas, atraídas e internalizadas devido aos seus próprios sentimentos negativos.

O pó de milho (a farinha) é só um exemplo do uso mágico dos vegetais moídos, triturados ou pilados.

Vegetal já reduzido a pó pela indústria é o que não falta, mas poderemos fazer os nossos próprios pós vegetais.

O coco seco já é usado na Magia Divina como uma fruta capaz de recolher, dentro do seu mistério mágico, magias negativas inteiras, inclusive dos seres que atuam por trás delas.

Agora, com o pó feito com a polpa do coco moída, aí temos um elemento mágico vegetal de primeira grandeza, capaz de desmanchar a maioria dos trabalhos de magia negativa, desde os feitos com rezas e orações "bravas", até os com sacrifícios de bichos, em que o sangue animal é o elemento mágico, assim como, é capaz de desmanchar trabalhos de magia negra com "eguns" ou com almas penadas, as tais necromancias.

Fazendo-se um círculo com uma cruz e um pentagrama dentro dele e colocando-se um copo de água com açúcar (outro pó vegetal) no seu centro e colocar cinco velas brancas acesas untadas em azeite de oliva nas pontas do pentagrama, não há magia negativa ou seres trevosos invocados nelas que resistam à sua ação magística, que é poderosíssima e devastadora para a "magia negra" e também para quem a fizer, pois a ação é expansiva e alcança quem a realizar porque sua vibração e pensamentos estarão impregnados na magia negativa que fizer.

Trabalhos de rezas, orações, encantamentos, bruzedos, vodus, sacrifícios, oferendas, espelhamentos, amarrações, acorrentamentos, com cadáveres, em covas, em porteiras, em assentamentos, em altares, em tronqueiras, em buracos, com cobras, aranhas, formigueiros, com arames, linhas, fitas, ferramentas, toalhas, capas, lenços, enfim, tudo quanto é elemento de magia é literalmente devorado por essa poderosa mandala vegetal feita com "pó" de coco, um copo de água com açúcar e velas brancas untadas com azeite de oliva.

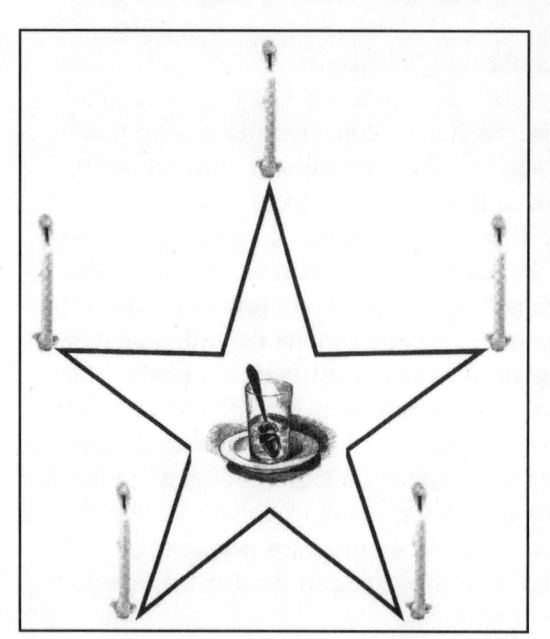

Outra magia poderosa feita com pós vegetais é esta:

- Três círculos concêntricos, sendo que o primeiro é feito com pimenta-do-reino moída.
- O segundo é feito com cominho.
- O terceiro é feito com páprica picante.

E, no centro, colocam-se duas velas, uma vermelha e outra preta.

Esses círculos "vegetais" simples são tão purificadores que poucos tipos de magia negativa lhes escapam incólumes.

Enfim, são tantas as possibilidades de trabalho magístico com os pós vegetais que preferimos que venham iniciar-se na Magia Divina das Sete Ervas Sagradas para, aí sim, já iniciados e possuidores das imantações divinas e das chaves ativadoras dos princípios mágicos ativos dos pós vegetais, então comecem a auxiliar-se e aos seus semelhantes como "mago iniciado nos mistérios vegetais".

O Cajado na Magia das Sete Ervas

O uso do cajado na magia dispensa comentários, porque é de conhecimento geral o seu uso magístico.

Na Bíblia Sagrada, Moisés imortalizou-o ao mostrar ao faraó o quanto seu cajado era poderoso.

Os feitos magísticos de Moisés são conhecidos por todos que leram a bíblia, certo?

Mas o cajado não é "propriedade" dele, e sim, desde eras remotíssimas, em todo o mundo e em todas as religiões, os sábios magos-sacerdotes tinham nos seus cajados um dos seus instrumentos mágicos e, entre eles, ele é o mais poderoso de todos se "manipulado" com sabedoria pelo seu possuidor.

Além do poder do cajado, no simbolismo ele representa o esteio, o apoio e a supremacia mágica, posicionando-se ao lado da espada, do cetro, da coroa e do manto como parte da indumentária do mago verdadeiramente iniciado nos mistérios da criação.

Na Magia das Sete Ervas Sagradas, o cajado representa os caules ou troncos das árvores, que estão ligados às "raízes", às folhas, às flores, aos frutos e às sementes, que o trazem em si como código genético e o reproduz nas novas plantas e árvores.

O mago iniciado na Magia das Sete Ervas Sagradas, quando ativa seu cajado vegetal consagrado, ativa os mistérios vegetais mais ocultos e poderosos porque o cajado sagrado é a síntese e o símbolo da "árvore da vida" com todos os seus poderes e mistérios divinos.

Ser iniciado nos mistérios do sagrado cajado vegetal é ligar-se a todos os mistérios sustentadores da "criação vegetal".

Aqui, não podemos comentar mais nada sobre o cajado consagrado da Magia Divina das Sete Ervas Sagradas, até onde sabemos, a única Magia Divina em nosso país que realmente inicia alguém nos seus mistérios e ensina os iniciados a usá-lo com sabedoria.

Se alguém conhecer alguma outra "escola de magia" que realmente inicie alguém no mistério do cajado em nosso país, avise-nos, por favor.

Bem, até aqui, nos comentários sobre os elementos mágicos vegetais, já tiveram uma ideia do poder de realização dessa Magia Divina, certo?

Ela não é superior ou inferior a nenhuma outra das que formam os 21 graus da "nossa" Magia Divina.

Apenas é como é, porque é como é!

Em nossos comentários tomamos a precaução de não revelar o que deve ser mantido oculto, pois, inicialmente, essa era uma magia "juramentada" e seus iniciandos tinham acesso a poderes e mistérios que exigem o silêncio absoluto sobre eles.

Isso dificultava a sua abertura e popularização e, após os primeiros 1.111 magos iniciados nela, suprimimos alguns desses mistérios fechados e apresentamos outros de forma "aberta" para, assim velados, podermos ensinar essa Magia Divina para todos os que nela queiram iniciar-se e auxiliar a si e aos seus semelhantes sem caírem na quebra da lei do silêncio sobre os mistérios mágicos da criação.

Apostila Informativa do Curso de Magia das Ervas

Plantas Pteridófitas

Nesse grupo estão localizadas as samambaias e plantas afins, como a avenca e a marílea. É também um grupo muito arcaico, sendo, porém, superior ao dos briófitos e o primeiro da escala vegetal a apresentar vasos condutores. São também os primeiros vegetais nos quais o esporófito é mais desenvolvido que o gametófito. As grandes florestas da Era Paleozoica eram formadas por plantas desse grupo e que originaram os grandes depósitos de carvão explorados atualmente. O gametófito está reduzido a uma lâmina delgada, aderente ao solo, chamada **prótalo**.

Os esporos sempre são formados na face inferior das folhas do esporófito (da samambaia propriamente dita), em estruturas com forma de sacos denominados **esporângios**.

Os esporângios sempre se formam em grupos chamados soros. Os soros podem estar protegidos, ou não, por uma membrana, o **indúzio**. Em algumas samambaias os soros são arredondados, em outras, alongados. Em outras formam uma linha contínua que margeia toda a folha.

Quando os esporângios estão maduros, eles se abrem e deixam cair os esporos. Caindo ao solo e encontrando condições favoráveis, os esporos germinam e dão origem ao prótalo. No prótalo (que é o gametófito), tem lugar a formação de gametas: anterozoides, nos anterídios, e oosferas, nos arquegônios. Os anterozoides são espiralados e possuem um tufo de flagelos locomotores. Também aqui é necessária a presença da água para que o anterozoide encontre a oosfera. Esses elementos sempre se formam na face inferior dos prótalos. Dependendo do grupo, pode-se ter pteridófitas de três tipos diferentes, quanto ao tipo de esporos e prótalos:

- **Isosporadas** – São as que produzem esporos iguais. Quando esses esporos germinam, formam prótalos que produzem anterídios e arquegônios.
- **Heterosporadas** – São as que produzem dois tipos de esporos: macrósporos, que ao germinar formam macroprótalos (femininos), produzindo arquegônios; e os micrósporos, que, ao contrário, formam microprótalos (masculinos), produzindo, portanto, anterídios.
- **Morfologicamente isosporadas e fisiologicamente heterosporadas** – As que, apesar de produzirem esporos iguais, ao germinar, cada uma dá origem a um prótalo diferente: microprótalos e macroprótalos.

Qualquer que seja o tipo de pteridófita, é sempre sobre o prótalo feminino, a partir da oosfera fecundada, que se forma o esporófito, a planta maior e predominante.

A maioria das samambaias pode produzir risomas que produzem gemas e dão origem a novos indivíduos por reprodução vegetativa, mas a reprodução cíclica pode ser resumida da seguinte maneira:

1. Esporo
2. Prótalo – arquegônios e/ou anterídios
3. Aparecimento do jovem esporófito
4. Desenvolvimento do esporófito
5. Esporófito adulto e formação de esporos

Uma das pteridófitas mais primitivas que se conhecem é o Psilotum, verdadeiro fóssil vivo. É uma planta verde-escura com talo ramificado dicotomicamente, com pequenas folhas escamiformes, nas axilas das quais se formam os esporângios amarelados e divididos em três lojas.

Outro grupo bem diferenciado é o dos **licopódios** e **selaginelas**. Nesse grupo, os esporângios se formam em pequenas espigas nas extreminadades dos ramos.

Um grupo muito peculiar é o do Equisetun, com caule ereto, vertical, dividido em nós articulados de onde partem ramos verticilados, também articulados. Nas articulações existem pequeníssimas escamas escuras que são as verdadeiras folhas da planta. Nas extremidades, formam-se espigas bastante compactas denominadas **estróbilos**, onde se encontram os esporângios. Os esporos possuem formações aladas que permitem a disseminação pelo vento. Essas expansões são chamadas elatérios.

As pteridófitas vivem em vários *habitats*. Existem as aquáticas, como Salvina e Azolla. Há as de lugares permanentemente úmidos, como o Hymenophyllum. Algumas podem viver totalmente submersas, como as samambaias de aquário Ceratopteris.

Há ainda os trevos de quatro folhas, que são pteridófitas do gênero Marsilea, habitantes de lugares sempre alagados ou muito úmidos. Existem as epífitas, como o Polypodium ou erva-silvina. Existem samambaias de pedra, das areias e das restingas. Há samambaias ao nível do mar e de grandes altitudes.

Resta lembrar as samambaias-gigantes das florestas, chamadas samambaiaçus pelo seu porte arbóreo, de grossos troncos e de onde se extrai o xaxim.

Plantas Gimnospermas

A palavra que dá nome a essa divisão de vegetais é de origem grega e se refere ao fato de as sementes serem nuas. Isso ocorre porque nessas plantas ainda não há formação de flores verdadeiras. Os óvulos ficam presos a folhas reprodutoras que recebem a denominação de folhas carpelares. As folhas carpelares agrupam-se, na maioria das espécies, para formar os estróbilos. As plantas podem ser monoicas (quando os estróbilos masculinos e femininos são produzidos na mesma planta), ou diólicas (quando os estróbilos masculinos e femininos são produzidos em plantas diferentes). Na maioria das espécies, as folhas são duras, pequenas e, em certos casos, escamiformes.

No Brasil, ocorrem alguns gêneros com poucas espécies de Zamia, Podocarpus, Araucária, Ephedra e Gnetum. As demais espécies, que são comuns entre nós, foram introduzidas para ajardinamento ou reflorestamento. Estão nesses casos: Cycas, Cupressus, Thuja, Pinus e outros em menor escala. Várias espécies de Pinus são usadas nos reflorestamentos feitos no Brasil.

Os nossos principais representantes de gimnospermas são a Araucária angustifólia e duas espécies de Podocarpus.

A Araucária angustifólia é o conhecido pinheiro-do-paraná, que ocorre no Sul e também em alguns lugares mais frios como o sul de Minas, na Serra da Bocaina e em Campos do Jordão, em São Paulo. São árvores de grande porte, podendo atingir 40 metros de altura e 1 metro de diâmetro. Sua copa tem formato inconfundível, pela disposição dos ramos. As árvores, quando plantadas isoladas, não formam aquele tipo de copa característico das florestas de araucária. As árvores têm sexos separados e podem levar até 30 anos para atingir o estado adulto, isto é, o ponto em que podem formar os elementos reprodutores, muito embora a germinação seja relativamente rápida e bastante fácil.

Entre os Podocarpus contamos com as espécies P. sellowii, que ocorre da Serra do Mar até a Amazônia, e P. lamberti, que ocorre na mesma região da araucária. Os Podocarpus, conhecidos como pinheiro-bravo, são árvores pequenas de sexos separados. As folhas são pequenas e os óvulos isolados, não havendo formação de estróbilos, nas plantas femininas. Os óvulos ficam dispostos nas extremidades de ramos curtos e têm um envoltório carnoso. Nas árvores masculinas, formam-se estróbilos que são alongados e reunidos em feixes.

Os pinheiros do Sul já ocuparam grandes áreas e atualmente seu número está muito reduzido. Por ser madeira de largo emprego, tem sido muito explorada, e os reflorestamentos são feitos com outras espécies vegetais, principalmente de Pinus.

No grupo das plantas gimnospermas estão também as maiores e mais velhas árvores conhecidas. São bastante conhecidos no mundo inteiro a famosa sequoia do norte dos Estados Unidos e Canadá, assim como os cedros do Líbano. Estes formavam grandes florestas naquela região mediterrânea. Serviram para a construção da frota comercial dos fenícios, para a construção de cidades e templos famosos da Antiguidade, inclusive o de Salomão, além de ser grandemente comercializados pelos fenícios.

Atualmente, os poucos remanescentes são protegidos por lei, alguns dos quais já existiam sobre a Terra quando Cristo nasceu. São verdadeiros monumentos vivos e documentos que comprovam a existência de uma natureza que o homem degradou e que não existe mais.

Tais fatos não são mais compatíveis com a civilização moderna, que procura salvaguardar para as gerações futuras o que nos foi legado pelo longo período da evolução da vida vegetal.

Planta Angiospermas

Angiospermas são todas as plantas que produzem flor, fruto e semente. As flores representam ramos altamente modificados e especializados para a reprodução e que se desenvolveram em um longo período de evolução vegetal. Elas possibilitam a formação dos frutos que são invólucros protetores das sementes. Isso se deveu ao fato de, nessas plantas, ter-se desenvolvido uma estrutura feminina – o ovário – que abriga os óvulos, protegendo-os à medida que eles vão se transformando em sementes após a fecundação. A alternância de gerações praticamente não existe. As plantas com flores são a fase esporofítica cujos esporos masculinos e femininos são, respectivamente, os grãos de pólen e os óvulos. Os estágios de germinação do grão de pólen constituem a fase gametofítica masculina, e a formação da oosfera, dentro do óvulo, constitui a fase gametofítica feminina.

As angiospermas compreendem duas classes: as dicotiledôneas e as monocotiledôneas. Essas duas classes têm diferenças morfológicas e anatômicas nos seus órgãos que bem as caracterizam.

Raiz

As raízes são órgãos geralmente subterrâneas cujas funções principais são fixar a planta e retirar a água do solo. Além disso, servem para tornar o solo estável (o que é muito importante), contribuindo assim para evitar a erosão. São também os órgãos responsáveis pela absorção de materiais nutrientes do solo. A absorção da água e de nutrientes dá-se por toda a superfície da raiz onde a epiderme é delgada. Entretanto, existe uma região onde a absorção é mais eficiente. É a região dos pelos absorventes.

As raízes como as dos capins são típicas da classe das monocotiledôneas. Apresentam-se em tufos, quase todas iguais em comprimento e espessura, com um aspecto geral de cabeleira.

As raízes como a do feijão são típicas da classe das dicotiledôneas. Existe uma raiz maior, mais grossa, que constitui o eixo principal. Desta partem as secundárias, que se desdobram em outras.

Caule

Qualquer que seja o tipo ou a forma do caule, as suas funções primordiais são as de sustentação das partes aéreas e de condução de materiais absorvidos e elaborados pelas plantas. A água e os nutrientes que penetram pelas raízes são transportados pelos vasos condutores lenhosos e caminham pelo caule acima até às folhas. Depois de elaborado o alimento pelas folhas, ele circula em todas as direções, dentro da planta, através dos vasos liberianos. Os vasos são estruturas microscópicas reunidas em feixes e funcionam como o sistema circulatório do vegetal.

Anatomicamente, em um caule pode-se distinguir, grosso modo: a casca, os vasos liberianos, os vasos lenhosos e a medula. O conjunto de vasos liberianos constitui o floema, e o conjunto de vasos lenhosos, o xilema. Entre o xilema e o floema existe um tecido denominado câmbio, que origina novos vasos, à medida que a planta vai descendo e aumentando de diâmetro.

Nas monocotiledôneas, como os capins, a cana-de-açúcar e o bambu, o caule se apresenta dividido em porções denominadas entrenós. A região que separa dois entrenós é um nó, e é dos nós que saem as folhas. Esses caules podem ser de dois tipos. Em alguns capins e bambus não existe medula, por isso eles são ocos. Na cana-de-açúcar, ela é cheia de substância de reserva (sacarose). Nas monocotiledôneas, existe a casca seguida dos vasos liberolenhosos, que estão distribuídos em feixes sem a organização descrita acima, que é de uma dicotiledônea. O caule também pode ter outras funções e apresentar-se modificado.

Folha

Independentemente da forma, da cor ou do tamanho, a função principal das folhas é a fabricação de alimento.

As folhas são as partes dos vegetais que contêm clorofila e, por isso, são capazes de realizar a fotossíntese. Qualquer folha, examinada com cuidado, mostra uma série de "veias" que podem ter as mais diversas distribuições; são as nervuras. As nervuras são, geralmente, mais nítidas na face inferior. Elas são uma continuação dos feixes de vasos lenhosos e liberianos que percorrem toda a planta desde a raiz.

As folhas possuem uma epiderme superior e uma epiderme inferior. Geralmente elas são revestidas de uma cutícula impermeável que impede a perda da água em excesso, além de protegê-las. Entre as duas epidermes está compreendido o mesófilo, onde se encontram as nervuras e o tecido fotossintetizador. Esse tecido é formado por células que têm diferenças fundamentais das células animais. Uma delas é a presença da membrana celulósica. Isso é importante, pois as plantas, não tendo esqueleto como os animais, precisam ter células mais rijas que as mantenham melhor na sua posição; disso se encarrega, em parte, a membrana celulósica. Outra diferença fundamental é a presença dos cloroplastos. Fundamentalmente, todas as células das folhas são semelhantes; todas contêm cloroplastos. Dentro dos cloroplastos, encontram-se sistemas de membranas duplas arrumadas em camadas. Essas camadas estão dobradas sobre si mesmas várias vezes, formando estruturas semelhantes a pilhas de moedas. Essas estruturas são os *grana*. Nesses *grana* é que estão dispostas as moléculas de clorofila. É aí que se dá a captação da energia luminosa. Este é o primeiro passo para converter matéria bruta, inorgânica, em substâncias orgânicas. Se não existissem essas estruturas nas plantas, não seria possível a existência de vida sobre a Terra. Da fotossíntese resulta, além do alimento que os animais não podem fabricar, o oxigênio imprescindível para a vida animal. As trocas gasosas com o ambiente, isto é, a saída do oxigênio e a entrada do gás carbônico para a fotossíntese, ocorre por orifícios microscópicos, existentes principalmente na face inferior, que são os estômatos. Os estômatos são as vias de comunicação do interior da planta com o ambiente. Por eles sai também, sob a forma de vapor, o excesso de água que a planta precisa eliminar.

De modo geral, as folhas se distribuem sobre a planta de forma a não sombrearem umas às outras e, assim, receberem quantidades satisfatórias de luz. Isso pode ser observado na vinca, no milho, na mamona, no fícus italiano, etc.

Pode-se também reconhecer se a planta é uma angiosperma monocotiledônea ou dicotiledônea pela disposição das nervuras nas folhas. Nas dicotiledôneas existe uma nervura central, principal e mais grossa, de onde partem outras menores, secundárias, mais finas, e que, por sua vez, também se ramificam e anastomosam. Exemplos são as folhas da mangueira, da goiabeira, da jaqueira e de outras árvores.

Nas plantas da classe das monocotiledôneas, as folhas são geralmente longas com uma nervura mediana bem nítida e outras muito finas que são paralelas àquela principal, como ocorre nos capins, na cana e no bambu. Exceções são os antúrios, tinhorões e outras da mesma família, que têm as nervuras dispostas como os dedos da mão.

Flor

A flor é o órgão que caracteriza as plantas superiores. Durante o longo período de evolução dos vegetais, os órgãos de reprodução, localizados primitivamente em folhas, foram evoluindo até se formarem as flores atuais, que representam, portanto, ramos modificados para a função reprodutora. As flores possuem quatro partes, sendo duas protetoras (externas) e duas reprodutoras (internas). Essas quatro partes recebem a denominação geral de verticilos.

Todas as partes de uma flor podem ser evidenciadas na graxa-de-estudante.

1) A parte que prende a flor à planta chama-se pedúnculo.

2) Acima do pedúnculo está uma formação verde composta de cinco partes soldadas entre si. É o cálice, e as partes que o compõem são as sépalas. É fácil de se distinguir as cinco sépalas, porque elas são soldadas, mas não totalmente. Suas extremidades são soltas. Na graxa-de-estudante, particularmente, existe abaixo do cálice um calículo, isto é, um pequeno cálice que não é comum em todas as flores. É uma característica das flores das plantas dessa família, a das Malváceas, à qual pertencem também o algodão e o quiabo. Nem todas as flores possuem cálice soldado como nos exemplos citados.

3) Acima do cálice está a corola, formada também por cinco peças. Essas peças são as pétalas, vivamente coloridas de vermelho. Aparentemente, essas pétalas são livres, mas uma observação cuidadosa da flor mostrará que elas são todas soldadas pelas suas bases. O colorido das pétalas tem uma importante função nas flores de maneira geral. Serve como atrativo para abelhas, borboletas, beija-flores, marimbondos e outros animais que, visitando a flor, promovem a sua polinização.

4) No fundo da corola há uma pequena dilatação globulosa, que é o ovário. Cortado transversalmente, o ovário mostra, no seu interior, pequenas massas gelatinosas que são os óvulos – as futuras sementes da planta.

5) Do ovário sai um tubo que sustenta os elementos reprodutores masculinos A e femininos B. O aparelho reprodutor masculino é o androceu. É formado por unidades denomindas estames. Na ponta de cada estame há uma pequena dilatação, a antera. É aí que se formam os grãos de pólen. São estes que vão fecundar os óvulos. Na graxa-de-estudante, os estames são muito numerosos e estão presos ao mesmo tubo que sustenta o elemento feminino. Em outras flores, eles podem estar presos no fundo da corola ou mesmo na base das pétalas. O tubo que sustenta o androceu é oco e pelo seu interior passa um filamento delgado (estilete) que, saindo do ovário, vai terminar em dez pontas acima dos estames. Essas pontas são o estigma, local onde ficam aderidos os grãos do pólen. Esse conjunto (ovário, estilete e estigma) constitui o aparelho reprodutor feminino, chamado gineceu.

Também as flores são características dos dois grandes grupos de plantas superiores. As dicotiledôneas têm as suas peças florais sempre em número de cinco ou múltiplo de cinco, como a graxa-de-estudante: cinco sépalas, cinco pétalas, vinte e cinco estames e dez estigmas. Às vezes, o número de peças pode ser também quatro. Nas monocotiledôneas, o número básico é três ou múltiplo de três, como os lírios e as açucenas.

Nem todas as flores são como a graxa-de-estudante, isto é, nem todam têm os dois sexos; há plantas que possuem flores com os sexos separados, como a aboboreira e outras plantas da mesma família (o chuchu, o pepino, o maxixe, a abóbora-d'água e outras semelhantes).

Além disso, existem plantas superiores que podem ser monoicas ou dioicas. Dioicas, quando existem exemplares masculinos e exemplares femininos da mesma espécie, e monoicas, quando as flores masculinas e femininas são produzidas num mesmo exemplar da espécie.

Existem certas flores que são bastante modificadas e não mostram muito claramente as suas pétalas e sépalas. A flor da mamona ou rícino é uma delas.

As flores da mamona são de sexos separados, embora estejam situadas sobre o mesmo ramo (ao conjunto do ramo com suas flores dá-se o nome de inflorescência). Na parte inferior da inflorescência, estão as flores masculinas e na superior, as femininas. Em ambas, os órgãos reprodutores são bem evidentes. Os estames formam um verdadeiro floco e o ovário já imita o fruto da mamona.

Outras flores são tão modificadas que sua estrutura é mais complexa e somente uma análise minuciosa revela suas partes. É o caso da orquídea.

Polinização e Fecundação

A polinização consiste no transporte do grão de pólen da antera até o estigma de uma flor. A polinização pode ser feita entre os elementos masculino e feminino de uma mesma flor, e, neste caso, chama-se polinização direta ou autopolinização. É lógico que isso só ocorre nas flores hermafroditas, isto é, que têm os dois sexos. A polinização pode ocorrer ainda entre duas flores de uma mesma planta ou de plantas difernetes da mesma espécie. Nesse caso, a polinização chama-se polinização cruzada. É o tipo de polinização que pode ocorrer em plantas com flores hermafroditas, em plantas monoicas ou em plantas dioicas.

O fato de uma flor possuir os dois sexos (hermafrodita) não é suficiente para que ocorra a autopolinização. As anteras podem ser mais baixas que o estigma, ou o amadurecimento dos órgãos pode-se dar em épocas diferentes. Os estames podem liberar o pólen antes de o estigma estar pronto para recebê-lo, ou o estigma pode estar pronto para receber o pólen e as anteras ainda não o terem liberado.

Existem flores, como as da ervilha e do feijão, cuja polinização se processa sem que as flores se abram. É um tipo de autopolinização que ocorre em flores eleistogâmicas e o processo recebe o nome de cleistogamia (*cleistos* = fechado; *gamia* = fecundação).

A polinização pode ser feita por vários agentes, como o vento, a água, os insetos, os pássaros, os morcegos e o homem.

Para a polinização feita por animais (zoofilia), desenvolveram-se diferentes formas de atração, como a coloração do cálice, da corola, ou de ambos, as modificações da forma da flor e a presença de manchas, odores e nectários.

Os nectários são modificações de partes da flor ou são estruturas especializadas, enquanto os odores são produzidos por glândulas odoríferas.

As flores que são polinizadas por morcegos só se abrem à noite e atraem estes animais, exalando um odor forte, como acontece com algumas paineiras.

As que são polinizadas por mariposas, como a dama-da-noite, e que só se abrem à noite, possuem um perfume suave e grande quantidade de néctar em nectários situados no fundo de uma longa corola tubulosa. Nesse caso, só as mariposas podem promover a polinização, pois só elas possuem uma espirotromba capaz de alcançar o fundo da corola.

As flores diurnas polinizadas por insetos ou por aves (principalmente beija-flores) possuem odor suave, grande quantidade de néctar e são vivamente coloridas ou têm manchas coloridas atrativas. Como exemplos, podem ser mencionadas:

- Maria-sem-vergonha – polinizada por borboletas.
- Margaridões e girassóis – polinizados por abelhas.
- Eritrina e graxa-de-estudante – polinizadas por beija-flores.

Quando as flores são polinizadas pelo vento, apresentam uma característica particular. A corola e o cálice são praticamente inexistentes e representados apenas por escamas. Deste modo, estames e estigmas ficam expostos.

Com o objetivo de produzir novas e melhores variedades de plantas, a polinização pode ser controlada pelo homem através da polinização artificial.

Depois da polinização, o grão de pólen, que está sobre o estigma, absorve umidade formando um tubo microscópico – o tubo polínico. Este penetra pelos tecidos do gineceu e atinge o ovário. Durante esse processo, formam-se, no interior do tubo, dois gametas masculinos. No interior do ovário, o tubo atinge o óvulo e os gametas masculinos se unem aos elementos femininos. A esta união de gametas denomina-se fecundação. Nas plantas, a fecundação é dupla: a primeira vai formar o embrião que dará origem à nova planta. Da segunda fecundação resultará o endosperma, ou seja, as reservas de alimento que a jovem planta utilizará nos primeiros estágios de desenvolvimento. Após a fecundação, o óvulo se transformará em semente, enquanto o ovário vai se desenvolvendo para dar origem ao envoltório protetor da semente – o fruto.

Fruto

A penetração do tubo polínico nos tecidos do estigma e estilete induz à formação de hormônios de crescimento. Estes atuam diretamente sobre o ovário, fazendo com que ele cresça, desta maneira, enquanto as sementes vão se formando, após a fecundação, gradativamente, em fruto. Assim, o fruto é originário do ovário que se desenvolve para abrigar as sementes. O formato dos frutos vai depender, portanto, da forma do ovário da flor, bem como toda sua estrutura e anatomia. Em alguns casos, como a banana, o ovário já contém quantidades de hormônio suficientes para o seu desenvolvimento e, por isso, ela pode se desenvolver sem que tenha ocorrido fecundação, ou mesmo, fertilização. Este fenômeno denomina-se partenocarpia.

Dispersão

As plantas, para perpetuar suas espécies e para ocupar novas áreas, têm meios de disseminar seus frutos e suas sementes. Durante a evolução do Reino Vegetal, vários caminhos foram seguidos pelas plantas para a colonização e ocupação de novos ambientes. As sementes e os frutos podem ser disseminados pelo vento, pela água e pelos animais. Existem, entretanto, barreiras que impedem a disseminação ou dispersão das espécies. Barreiras climáticas, como a temperatura, a umidade, a luz e os gases atmosféricos. Barreiras edáficas, que têm relação com a natureza do solo. Barreiras geográficas, como rios, lagos e montanhas. E, finalmente, barreiras biológicas e pela predação (destruição pelos animais ou por outras plantas).

Semente

Depois que o óvulo é fecundado duplamente pelos elementos reprodutores provenientes do grão de pólen, uma parte dele se desenvolve para constituir o embrião que vai originar a nova planta. A segunda parte da fecundação forma as reservas durante as primeiras fases de desenvolvimento. A semente, depois de formada, mostra várias partes que podem ser bem observadas nos grãos (sementes) de feijão. Os feijões grandes, deixados de molho na véspera, são os melhores para a observação. As partes da semente que podem ser vistas, externa e internamente, são:

- A rafe, uma pequena crista na superfície da semente, pode ser distinguida em vista lateral e frontal. Abaixo da rafe, está um orifício minúsculo, a micrópila. A micrópila é muito importante, pois é nela que se inicia a penetração da água para a semente germinar. Abaixo da micrópila está uma cicatriz, geralmente branca e oval, o hilo, a marca do ponto pelo qual a semente se prendia ao interior do fruto. Logo abaixo do hilo, fica a carúncula, uma pequena verruga. Todas essas formações são vestígios de partes do óvulo. É fácil destacar a casca da semente umedecida de véspera.

- A casca da semente do feijão é formada por duas membranas: a testa, mais externa, e o tégmen, mais interno. Retirada a casca, pode-se ver que a semente está dividida em duas metades iguais. Cada metade tem o nome de cotilédone. Daí deriva o nome dicotiledônea, isto é, dois cotilédones. Os cotilédones do feijão possuem as reservas nutritivas que permitirão à semente o seu desenvolvimento até que a nova planta possa se alimentar sozinha. Entre os dois cotilédones, e preso a eles, está o embrião, que é formado pela plúmula, originadora de parte do caule e das folhas, e ainda um eixo hipocótilo, originador da raiz.

Germinação

Para que a semente germine, são necessárias várias condições da própria semente e do meio ambiente onde ela vai germinar. Entretanto, a condição essencial é a água. Sem água, nenhuma semente germina. Há dois tipos fundamentais de germinação. Quando a semente germina e os cotilédones são empurrados para fora do solo, a germinação chama-se epígea, como acontece com o feijão. Quando, ao contrário, o cotilédone fica abaixo da superfície do solo durante a germinação, ela é chamada de hipógea, como acontece com o milho.

As primeiras fases da germinação começam com a embebição em água. Esta penetra inicialmente pela micrópila, e, mais tarde, por fendas na casca. Essa água vai dissolver substâncias químicas que começam a fazer a semente funcionar, multiplicar suas células e desenvolver o embrião. O hipocótilo, à medida que se desenvolve, vai saindo pela micrópila, enquanto que a semente vai aumentando de volume e acaba por arrebentar a casca. Nessa fase, a plântula não tem ainda clorofila e sua alimentação corre por conta das reservas acumuladas durante a sua formação. Logo após, surgem as folhas primordiais que geralmente são diferentes das folhas da planta adulta. Surgem também as primeiras raízes que já podem absorver água e nutrientes do solo. Os cotilédones vão perdendo suas reservas alimentares e, finalmente, caem, quando a plântula já tem folhas verdes e pode então se alimentar sozinha pela fotossíntese.

Fotossíntese

A função mais importante das plantas é, sem dúvida, a fotossíntese. Esse processo é de importância primordial para a existência da vida sobre a Terra, pois é através da fotossíntese que a energia do Sol é armazenada nos alimentos e o oxigênio do ar é renovado.

Para realizar a fotossíntese, as plantas precisam ter clorofila. Essa substância, que dá cor verde aos vegetais, é encontrada em todas as folhas e outras partes verdes da planta. A clorofila, que pode ser de vários tipos, tem a capacidade de captar a energia luminosa e transformá-la em energia química ativa. No interior das células das partes verdes, a clorofila está contida em corpúsculos diminutos chamados cloroplastos.

Pelas aberturas das folhas, que são denominadas estômatos, penetra o ar contendo gás carbônico. A água, que foi absorvida do solo pelas raízes, chega às folhas pelos vasos condutores através das raízes, do caule, dos ramos e das nervuras.

No interior das células das partes verdes, a energia que foi captada pela clorofila é então utilizada para combinar o gás carbônico com a água; desta combinação resultam: o alimento, na sua forma mais simples, ou seja, glicose e oxigênio; o oxigênio é liberado para fora da planta e a glicose, que é um açúcar, armazenada no seu interior. O armazenamento pode ser feito na própria folha, no caule ou na raiz.

Uma vez formado o alimento, ele é utilizado pela planta nos seus processos vitais. Para crescer, produzir novas folhas, ramos, flores, frutos, sementes, bem como para puxar água de baixo para cima, a planta precisa de energia. Essa energia é fornecida pelo alimento que ela mesma fabricou. O alimento é ainda distribuído para as outras partes da planta que não são verdes. Essa distribuição é feita através dos vasos que descem das folhas e alcançam as partes distantes onde não se processa a fotossíntese. Assim, todas as células do corpo da planta recebem a quantidade de alimento necessária para o seu perfeito funcionamento.

Respiração

Todo ser vivo precisa realizar o fenômeno da respiração para obter enegia necessária à manutenção de suas atividades vitais. Respiração e fotossíntese podem ser considerados processos opostos. Em linhas gerais, são assim representados:

Fotossíntese
GÁS CARBÔNICO + ÁGUA + ENERGIA → AÇÚCAR + OXIGÊNIO
$6\ CO_2 + 6\ H_2O + ENERGIA \rightarrow C_6H_{12}O_6 + 6\ O_2$

Respiração
$C_6H_{12}O_6 + 6\ O_2 \rightarrow 6\ CO_2 + 6\ H_2O + ENERGIA$
AÇÚCAR + OXIGÊNIO → GÁS CARBÔNICO + ENERGIA

A importância biológica da respiração é a obtenção de energia. Essa energia é utilizada para a realização dos diversos fenômenos biológicos, tais como a formação de açúcares, gorduras e proteínas, além de outros, como o crescimento, o desenvolvimento, a reprodução, etc.

Outros, Além do Verde

Sem dúvida, os principais pigmentos dos vegetais são os vários tipos de clorofila pelo papel que desempenham tanto na vida vegetal como na vida animal. Mas não são apenas esses pigmentos, as clorofilas, que existem nos vegetais. Outros, de outras cores, não só embelezam o mundo das plantas como também têm papel muito importante para os vegetais, para os animais e para o próprio homem; esses pigmentos têm coloração muito variada e desempenham diversas funções. Estão classificados em dois grandes grupos. Os pigmentos carotenoides e os pigmentos antociânicos.

Carotenoides

Os carotenoides podem ser amarelos, alaranjados ou vermelhos, e estão presentes em todas as folhas verdes, mas, como a quantidade de clorofila é maior, eles não aparecem. Porém, podem ser bem visíveis em outras partes dos vegetais, como no milho, na cenoura, na abóbora, nas maçãs, etc. Durante o processo de maturação dos frutos, as mudanças de coloração são devidas às modificações de pigmentos e formação de carotenoides. Por exemplo, em um tomate verde predomina a clorofila, embora exista um pouco de caroteno. Conforme o fruto vai amadurecendo, a clorofila vai diminuindo rapidamente, enquanto os carotenoides vão se formando também com grande rapidez. Finalmente, o fruto torna-se vermelho devido a uma modalidade de carotenoide que se forma e que se denomina licopeno. A mudança de coloração das folhas é por causa de um processo semelhante. Primeiro, há um desaparecimento gradual da clorofila, deixando aparecer a cor amarelada dos carotenoides. Esses carotenoides vão se degradando e passando a alaranjado e, posteriormente, a vermelho. Continuando a degradação, eles vão perdendo a cor, tornando-se escuros, enquanto a folha vai se desintegrando e finalmente seca.

Antocianinas

Os pigmentos antociânicos ou as antocianinas são os pigmentos que dão coloração às flores. As antocianinas podem ser vermelhas, azuis ou amarelas e têm grande importância na atração dos insetos e outros agentes de polinização.

Fitocromo

Outro tipo de pigmento ainda não muito bem conhecido é o fitocromo. É um pigmento azul que capta certas radiações luminosas que determinam a época de floração das plantas. Assim é que existem plantas de dias longos (que só florescem quando os dias são bem maiores que as noites), como a cevada e o trigo, e plantas de dias curtos (quando os dias são curtos e as noites longas), como a crista-de-galo e os crisântemos, tudo isto determinado pela presença do fitocromo, que ainda é assunto de muitos estudos.

As Frutas

Abacate (*Persea gratissima*; *Laurus persea*)

O abacateiro é originário do México e aclimatado no Brasil.

O abacate é um alimento digno de mérito, pois sacia a fome, nutre todo o organismo e cura diversas enfermidades. É uma fruta que proporciona nutrição ao corpo e saúde a todos os seus órgãos. Combate os males produzidos por comer carne, perturbações digestivas, prisão de ventre, flatulências, abscessos estomacais, reumatismo, gota, afecções dos rins, do fígado, da pele, etc. É também um bom cosmético: conserva a beleza da pele e do cabelo.

Abacaxi (*Ananas saivus*)

Depois da banana e da laranja, é o abacaxi a melhor fruta nacional. É uma fruta muito agradável, de aroma delicioso.

O abacaxi tem várias aplicações na medicina caseira:

Bronquite – é um dos melhores remédios contra a bronquite. Corta-se em fatias, põem-se estas numa vasilha, coloca-se mel em cima e cozinha-se. Depois de esfriar, retira-se o suco e coloca-se em um vidro bem tampado. Toma-se três ou quatro colheres, das de sopa, ao dia.

Afecções de garganta – o abacaxi é também muito útil no tratamento das afecções da garganta, e mesmo da difteria. Come-se a fruta, ao natural, ou toma-se o suco ou fazem-se gargarejos com o suco.

O abacaxi tem outras virtudes medicinais como diurético e vermífugo; combate a prisão de ventre; é desobstruente do fígado; favorece a digestão; combate todas as inflamações do tubo digestivo e cura as febres intestinais; é eficaz no tratamento da arteriosclerose e da anemia; é bom contra as enfermidades da bexiga, da próstata e da uretra; é muito útil em caso de cálculos renais e vesicais, e em caso de amenorreia; é bom remédio contra o reumatismo, como também contra o artritismo; emprega-se com bons resultados na hidropisia e na icterícia; é muito útil no controle à nefrite; é um tônico cerebral, combatendo a neurastenia, a melancolia, a tristeza, a perda de memória; é depurativo do sangue e é ótimo germicida de modo geral.

Amora (*Morus nigra*; *Morus alba*)

São duas as espécies principais: a preta (*Morus nigra*) e a branca (*Morus alba*).

O fruto da amoreira é depurativo do sangue, antisséptico, vermífugo, digestivo, calmante, diurético, purgante, refrescante, adstringente, etc. É recomendável aos que têm o organismo saturado de ácidos, como os que sofrem de reumatismo, gota, artrite, etc. Combate a prisão de ventre, tem bons resultados em casos de afecções da garganta, amidalite, rouquidão, inflamação das cordas vocais, afecção das gengivas, afecção da língua, aftas, etc.

Abiu (*Lucuma caimito*)

O abiu é fruto do abieiro, uma árvore da família das Sapotáceas, originária do Peru e perfeitmente aclimatada em nosso país.

O abiu tem forma e tamanho comparáveis aos de um ovo. Sua superfície é lisa, amarela, brilhante. Sua polpa é esbranquiçada e muito doce. Esse fruto açucarado e gomoso traz bons resultados no tratamento das afecções pulmonares. O azeite extraído das sementes é usado como emoliente nas afcções inflamatórias. Aplicado em gotas, é bom contra as otites e otalgias.

Abricó-do-pará (*Mammea americana*)

O abricó-do-pará, também chamado abricó-de-são-domingos e abricó-selvagem, é produto de uma árvore da família das Gutíferas. O fruto, do tamanho de uma laranja, apresenta uma massa cor de abóbora, doce e aromática, aderente à casca.

Graças à sua ação eliminadora, depurativa e dissolvente, o abricó-do-pará é útil contra os cálculos, o ácido úrico, a gota, a arteriosclerose e toda classe de tumores e endurecimentos. Produz bons resultados, também nos casos de hipertensão arterial, escorbuto, catarros, piorreia, raquitismo, beribéri e afecções cutâneas. Combate igualmente a tuberculose no seu primeiro estágio. As sementes encerram propriedades vermífugas. O azeite que se extrai das sementes tem emprego contra a queda de cabelo. Extrai-se da árvore uma resina muito boa para combater toda espécie de parasitas da pele.

Ameixa (*Prunus domestica*)

A ameixa é produzida por uma árvore da família das Rosáceas, a ameixeira que é originária da Pérsia, do Cáucaso e da Ásia Menor. Aclimatada nos estados do Sul, apresenta certo número de variedades.

Graças ao seu conteúdo em magnésio, sódio e potássio, a ameixa é laxativa, recomendando-se contra a prisão de ventre obstinada. A ameixa fresca é eficaz contra as hemorroidas e a hipocondria. Diurética como é, recomenda-se contra as afecções, de caráter inflamatório, das vias urinárias. É ainda desobstruente do fígado, depurativa do sangue e desintoxicante do aparelho digestivo, pelo que se emprega com êxito nas afecções febris do estômago e do intestino. Em caso de fraqueza geral e, especialmente quando há debilidade cerebral, a ameixa presta bons serviços, em virtude de sua elevada taxa de fósforo.

Amêndoa (*Prunus amygdalus*)

A amendoeira, árvore da família das Rosáceas, é originária da Ásia, provavelmente da China.

Em primeiro lugar, apregoamos o valor do leite de amêndoa (um tipo de refresco ou orchata). Essa orchata é muito benéfica contra a acidez ou úlcera gástrica, caso em que se toma pura, adoçada com um pouco de mel, ou em mistura com suco de couve, de repolho, ou de algumas outras hortaliças.

Por ser muito desinflamante, a orchata de amêndoa é recomendada nas afecções gastrintestinais de caráter inflamatório. É também indicada nas diarreias das crianças, na bronquite, na pneumonia, nas inflamações das vias urinárias, nos cálculos renais e vesicais e nas tosses. Usa-se de modo igual como refrescante, diurético e antiespasmódico.

Azeitona (*Olea europaea*)

A oliveira, árvore tipo da família das Oleáceas, originária da Ásia Menor, acha-se aclimatada nos estados do Sul.

A azeitona é um alimento excelente para os órgãos internos. Convém aos tuberculosos e aos que sofrem de outras afecções do peito. Recomenda-se também contra a asma. As pretas são preferíveis às verdes. Excitante alimentar poderoso, a azeitona faz bem ao fígado. Cura também a embriaguez alcoólica. Ao passo que a azeitona verde é adstringente, a preta é laxativa. Recomenda-se a azeitona (não salgada) contra o raquitismo e a dispepsia; deve, porém, ser bem mastigada. Combate dores musculares, reumáticas, otite, otalgia, inflamações da garganta, afonia, gengivite, inflamações da boca, congestão cerebral, queimaduras, abscessos.

Banana (*Musa paradisiaca*, *Musa sinensis*, *Musa sapientium*)

A banana – originária da Ásia Meridional de onde se difundiu para a África e a América – é uma fruta deliciosa, nutritiva, medicinal. É diurética e ligeiramente laxativa. É um fator terapêutico em certas enterites, sendo também aconselhável aos convalescentes em geral.

Entre todas as frutas, nenhuma possui qualidades superiores às da banana. A banana madura encerra uma substância oleosa, que muito suaviza as membranas mucosas irritadas em casos de colite e enfermidades do reto. Contém igualmente um fermento digestivo não bem conhecido, porém de alto valor, que, em determinada enfermidade intestinal, a torna o único carboidrato tolerado pela vítima, que (de outra maneira) morre de fome.

Essa fruta é muito recomendável também contra as enfermidades renais, nefrite, hidropisia, gota, obesidade, afecções do fígado, cálculos biliares, tuberculose, escrofulose, paralisia e enfermidades do estômago. Contra a prisão de ventre, comem-se algumas bananas de manhã, em jejum. A banana ligeiramente assada, exalando seu aroma, come-se quente para combater as pneumonias.

Conhece-se no Brasil mais de 30 variedades de bananas, as mais comuns são: nanica, prata, ouro, maçã, d'água, S. Tomé, figo, da terra, cacau, etc.

Caju (*Anacardium ocidentalis*)

O caju é uma fruta que merece nossa melhor acolhida à mesa. Na capital de Sergipe, Aracaju, em cujas praias abundam os cajueiros, veem-se frequentemente pessoas doentes, crianças feridentas, mães que já não têm para amamentar, fazendo curas de caju. Os resultados são imediatos e magníficos.

O óleo de caju tem servido para cauterizar excrescências, modificar úlceras, acalmar a dor de dente, e, no tratamento da lepra, foi usado como cáustico destruidor dos lepromas.

O sumo das amêndoas frescas, aplicado sobre os calos e verrugas, promove a sua extirpação em poucos dias de tratamento continuado.

Caqui (*Diospyros kaky*)

O cajuzeiro, árvore da família das Ebenáceas, é originário da China, da Coreia e do Japão. Por alusão à cor do fruto, "caqui", em japonês, significa "amarelo escuro".

O caqui é muito recomendado contra as afecções do fígado (come-se com moderação), os transtornos intestinais, os catarros de bexiga, as enfermidades das vias respiratórias. O caqui convém aos tuberculosos, desnutridos, anêmicos, descalcificados. Enquanto o caqui imaturo é adstringente, o maduro é laxativo.

Carambola (*Averrhoa carambola*)

A caramboleira, pequena árvore da família das Oxalidáceas, é originária da Índia, tendo sido aclimatada no Brasil. O fruto, quando maduro, tanto do branco como do amarelo (*Averrhoa bilimbi*), é muito apreciado. O suco da fruta é um febrífugo excelente. Usa-se contra toda classe de febres. As folhas amassadas têm aplicação externa contra picadas venenosas.

Castanha (*Castanea vulgaris*)

O castanheiro, árvore da família das Fagáceas, é originário da região do Mediterrâneo.

A castanha é um alimento especial para os enfermos do fígado e dos rins. Deve, porém, ser comida em conjunto com alguma fruta suculenta, que sirva de laxante, já que a castanha é adstringente. A castanha é lactígena, o que significa que aumenta a secreção de leite nas lactantes. A castanha tem sido recomendada contra a gota, e há muito tempo sabe-se que, em purês, ela é bem tolerada pelos que sofrem de transtornos digestivos. As folhas da castanheira gozam de propriedades peitorais, pelo que se recomendam contra as afecções das vias respiratórias e, particularmente, contra a coqueluche das crianças, caso em que se administra o infuso adoçado com mel de abelhas.

Castanha-do-pará (*Bertholletia excelsa*)

A castanha-do-pará é produzida por uma árvore da família das Lecitidáceas, também chamada tocari e tururi.

A castanha-do-pará é indispensável aos desnutridos, aos desmineralizados, aos anêmicos, aos débeis e aos tuberculosos. É recomendada como um alimento que não deve faltar na alimentação das crianças, das gestantes e das lactantes.

Cereja (*Prunus cerasus*)

A cerejeira é uma árvore da família das Rosáceas, que se origina da Ásia Menor.

A cereja é depurativa, alcalinizante e remineralizante do sangue. É famosa por sua qualidade de neutralizar os ácidos do organismo. A ingestão de pouco menos de um quilo de cereja como alimento exclusivo transforma de tal maneira ácido úrico, que ele desaparece totalmente da urina. Dado o seu conteúdo em ácido salicílico, a cereja é indicada no reumatismo, na gota, na artrite, etc. Traz bons resultados, também, nas afeccções do fígado, na nefrite, na arteriosclerose, na diarreia, na desinteria, nas perturbações intestinais. As cerejas ácidas são adstringentes, ao passo que as doces encerram propriedades laxativas. Secas, são eficazes contra a diarreia e a disenteria.

Cidra (*Citrus cedra*)

A cidra, também chamada cidrão, é produzida por uma árvore da Ásia, aclimatada no Brasil. É um tipo de limão galego, grande, de casca espessa e escabrosa, dotado de grande mamelão.

Para combater a inapetência, os vômitos e a biliosidade, toma-se pequenas quantidades de suco de cidra, de manhã, em jejum. Aftas da boca se curam fazendo bochechos com suco de cidra em gargarejos; o suco de cidra, misturado com o decocto de cebola e mel de abelha, traz bons resultados nas inflamações da garganta. Em caso de acidez, ardor ou dor de estômago, e também quando se manifestam outras perturbações do aparelho digestivo, tais como inapetência, indigestão, flatulência e cãibras, toma-se, de manhã, em jejum, uma xícara do infuso da casca seca de cidra. Como calmante, usa-se a casca fresca em mistura com erva-cidreira, em infusão.

Coco (*Cocos nucifera*)

O coco-da-baía é uma palmeira abundante neste país, principalmente nos estados da Bahia e de Pernambuco.

A palmeira ocupa lugar preponderante na literatura botânica. Os fenícios faziam sua escrita em folhas de palmeira. Folhas de palmeira coroavam as musas outrora representadas pelos escritores e escultores. Para os astrólogos egípcios, a folha da palmeira era o emblema de sua ciência. Desde os tempos mais remotos, os triunfos são simbolizados pelas palmas, as "palmas da vitória". E quem não sabe da triunfal entrada de Jesus em Jerusalém, quando o povo Lhe saiu ao encontro, com ramos de palmeiras? A água e o leite de coco têm inúmeras aplicações na terapêutica doméstica. Bebidos regularmente, constituem o melhor remédio para colocar a pele em bom estado. São, além disso, eficazes como calmantes, oxidantes, mineralizantes, diuréticos, febrífugos, antiflogísticos, aperientes, depurativos do sangue, tenífugos. A água de coco é boa, também, no tratamento de todas as enfermidades da bexiga. Contra os ataques asmáticos, recomenda-se tomar duas ou três colheradas de leite de coco de manhã e à noite. Imediatamente em seguida, toma-se uma xícara de chá de agrião. Para combater a disenteria, aconselha-se tomar duas xícaras de leite de coco por dia. Graças ao seu conteúdo em sais de potássio e sódio, o coco é um alimento adequado na arteriosclerose e é excelente para promover o desenvolvimento do tórax, bem como para os nervos, o cérebro e os pulmões. É também um alimento muito bom para os diabéticos.

Damasco (*Prunus armeniaca*)

O damasqueiro é uma árvore da família das Rosáceas. Originário da Ásia, foi aclimatado no Brasil. O damasco, que é uma fruta deliciosa, assemelha-se ao pêssego e se chama também abricó.

É eficaz no tratamento da anemia. Às crianças que sofrem de raquitismo, recomenda-se dar damascos, pois são ricos em vitaminas e sais. Nos casos de debilidade geral, desnutrição, etc., o damasco age como poderoso mineralizante. A "amêndoa" contida no damasco, triturada, fornece um líquido que se emprega, algo requentado, em gotas, contra a dor de ouvido. Essa amêndoa é eficaz contra os resfriados, a tosse, o reumatismo, as dores, as inchações dos pés e a prisão de ventre, contra as afecções da garganta, especialmente contra a angina catarral.

Figo (*Ficus carica*)

A figueira é uma árvore frutífera da família das Moráceas. Originária da região do Mediterrâneo, foi aclimatada no Brasil.

O figo é oxidante, laxante, diurético, peitoral, digestivo, bom para o fígado, depurativo do sangue. O decocto de figo, em gargarejos, é bom para curar irritações da garganta. Um figo partido, que tenha sido previamente cozido em leite, é um bom remédio para combater as inflamações da boca, os abscessos das gengivas, etc. Um figo seco, cozido em água ou leite, é béquico e expectorante. Aos que sofrem de cálculos renais ou biliares, recomenda-se comer figos frescos. Não convêm, todavia, aos que sofrem de inflamações do fígado ou do baço, nem aos diabéticos.

Figo-da-índia (*Opuntia ficus-indica*)

O figo-da-índia, também chamado figo-da-barbária ou tuna, é produzido por uma planta da família das Cactáceas, originária do México e aclimatada no Brasil.

O figo-da-índia (fruto) é considerado como adstringente (antidiarreico e antidisentérico), peitoral, antiasmático, béquito. Para combater a asma e outras afecções das vias respiratórias, come-se assado ao forno. Combate também afecções das vias respiratórias, dores reumáticas, afecções do fígado, vermes, abscessos, etc.

Framboesa (*Rubus idaeus*)

A framboesa, arbusto espinhoso da família das Rosáceas, é originária dos montes de Ida, na ilha de Creta, de onde provém seu nome científico.

A framboesa é uma fruta refrescante, laxante, diurética, antiescorbútica, e útil nas afecções do fígado e da vesícula biliar. As folhas são adstringentes. Usa-se em decocção contra toda classe de diarreias, disenterias, cólicas intestinais das crianças, afecções das vias urinárias, inflamações da boca, das gengivas e da garganta (em bochechos), vaginites, leucorreias, desordens da menstruação, úlceras, feridas, inflamações dos olhos, erupções cutâneas, eczemas, erisipelas.

Fruta-do-conde (*Anoma squamosa*)

A fruta-do-conde é produzida por uma árvore chamada ateira, da família das Anomáceas. É originária das Antilhas, tendo sido aclimatada no Brasil. A fruta é também conhecida pelos nomes de ata, pinha e condessa.

A fruta verde, as folhas e a casca da árvore encerram propriedades adstringentes. Usa-se em decocção. Tomam-se várias xícaras por dia para combater a colite crônica e fortificar o estômago e o intestino. A fruta madura é muito recomendada às pessoas débeis, anêmicas e desnutridas. As folhas, em infusão, servem para acalmar espasmos e cãibras. As sementes são emetocatárticas: produzem vômitos e soltam o intestino. O macerado das sementes pulverizadas, em álcool, é bom para combater a caspa.

Fruta-pão (*Artocarpus incisa*)

A fruta-pão é produzida por uma árvore da família das Moráceas. É um fruto grande, de massa espessa, tenas, algo seca, doce, muito saborosa. A fruta-pão goza de propriedades laxantes. Aplica-se também, em fatias bem quentes, sobre furúnculos. Com as amêndoas, preparam-se emulsões proveitosas nos corrimentos do aparelho gênito-urinário. O látex da árvore é eficaz contra as hérnias das crianças.

Goiaba (*Psidium guayava*)

Entre as muitas frutas brasileiras, a goiaba é uma das mais comuns. É uma fruta de grande valor nutritivo. Possui quantidade regular de sais minerais, como cálcio e fósforo. É riquíssima em vitaminas. Encerra taxas elevadas de vitaminas A, B1 (tiamina) e B2 (riboflavina), e possivelmente também proporção regular de vitamina B6 (piridoxina). Em vitamina C, ela tem poucos rivais. As variedades nacionais acusam em média um teor de ácido ascórbico de 80 miligramas por 100 gramas. A goiaba e a goiabeira encerram ricas virtudes medicinais. A goiaba atalha a tuberculose incipiente, promove o metabolismo das proteínas e ajuda a prevenir a acidez e a fermentação dos hidratos de carbono durante a digestão. As folhas da goiabeira, em decocção, empregam-se contra as hemorragias uterinas, a incontinência da urina, a inchação das pernas e pés, a cólera infantil, a gastrenterite. A casca da raiz tem as mesmas aplicações. A goiaba é muito adstringente, sendo aconselhada por alguns para curar as diarreias mais rebeldes. Esta propriedade do fruto se observa também no seu doce ou goiabada.

Groselha Preta (*Ribes nigrum*)

A groselha preta, planta da família das Saxifragáceas, é uma planta exótica, introduzida neste país. No Brasil, é comum dar o nome de groselha, impropriamente, ao fruto de uma Mirtácea, também chamada pitanga preta.

De modo geral, a groselha preta tem as mesmas virtudes curativas da groselha vermelha, mas encerra, também, algumas propriedades particulares. O suco de groselha preta é muito bom contra os escarros sanguíneos. Combate também as dores reumáticas, artrite, inflamações freimáticas dos dedos, hidropisia, gota, rouquidão, amídalas hipertrofiadas, dor e sequidão da garganta, dores gástricas, coqueluche, transtornos da bexiga, obstruções do baço, maleita, etc.

Groselha Vermelha (*Ribes rubrum*)

A groselheira é uma planta da família das Saxifragáceas. A groselha tem propriedades semelhantes às da framboesa. Tem uma ação descongestionante sobre o fígado. Os frutos são refrescantes e diuréticos, muito úteis na gota, no reumatismo, na icterícia, na calculose, no escorbuto, etc. O suco de groselha, em refrescos, é muito útil na febre alta, na febre tifoide, na pneumonia, na escarlatina, no sarampo, inflamação das gengivas, cortar os escarros de sangue. O doce de groselha é ligeiramente laxante.

Jaca (*Artocarpus integrifólia*)

A jaqueira é uma árvore da família das Moráceas. Combate a tosse de qualquer natureza, afecções dos olhos, dermatoses, etc. Os caroços combatem os embaraços dos intestinos. À raiz, atribuem-se propriedades antiasmáticas. A casca da raiz tem aplicação contra a diarreia.

Jenipapo (*Genipa americana*)

O jenipapo é uma árvore da família das Rubiáceas, cujo fruto dá um suco de que muitos índios brasileiros se servem para enegrecer o rosto e o corpo, e os nortistas para fazer vinho.

No Norte e no Nordeste, afirma-se que, com o suco de jenipapo, é possível debelar a anemia causada pelo implaudismo ou pelas verminoses. O suco do fruto, como diurético, é útil na hidropisia. Os refrescos preparados com o fruto maduro têm aplicação contra a enterite crônica. O fruto verde, moído, em aplicações tópicas, combate rapidamente as chagas de origem sifilítica. A raiz, em decocção, é purgativa. O decocto da casca é útil, em banhos, no tratamento das úlceras. A casca do tronco, por incisão, fornece uma substância branca reputada como boa para combater as cataratas.

Laranja (*Citrus sinensis*)

A laranja é uma fruta que no Brasil deveria ter decidida preferência e largo uso, já por sua importância como alimento, já por seu valor medicinal. A laranja, especialmente seu suco, é um remédio para muitas enfermidades. A laranja, a tangerina, a mexerica e a lima são estomáquicas, refrescantes e diuréticas.

Graças aos seus princípios açucarados e ligeiramente ácidos, a laranja estimula o paladar, abre o apetite, acalma a sede, favorece a secreção de suco gástrico, de bílis e de todos os líquidos do tubo digestivo. É depurativa do sangue, eficiente contra o artritismo, para a asma, para as vias respiratórias, excelente remédio para a pneumonia, estimulante dos órgãos digestivos, laxante, calmante do sistema nervoso, eficaz nos casos de histerismo e neurastenia, indicada nas nevralgias, gripes, resfriados e febres.

Lima (*Citrus limetta*)

A limeira, árvore da família das Rutáceas, é originária da Ásia, tendo sido aclimatada no Brasil. O suco da fruta, branco, tem sabor doce-amargo.

O suco de lima, tomado em jejum, é um excelente remédio contra a hipercloridria, a acidez gástrica, as úlceras gástricas e as afecções renais. Dado seu elevado conteúdo em vitamina C, traz efeitos magníficos no tratamento do escorbuto. Misturado com água, o suco é indicado como refresco, para acalmar as febres. Emprega-se também na febre tifoide. Para debelar as dermatoses provenientes das impurezas sanguíneas, recomenda-se chupar lima todas as manhãs. A lima é excelente contra as infecções, a neurite, o raquitismo e a pelagra. A casca da lima, em infusão, é indicada para combater as flatulências, as afecções cardíacas e a leucorreia.

Limão (*Citrus limonum*)

O limão é o rei dos temperos e o campeão dos remédios. De gosto acre, de aroma agradabilíssimo e de efeito benéfico para o organismo, tem o limão a mais ampla aplicação na cozinha e na medicina.

No Brasil, o limão é comumente empregado para combater a febre. O suco de limão tem sido recomendado para combater numerosos estados patológicos, pois foi comprovado que é diurético e pode ser usado na nefrite, com êxito, especialmente nas formas que produzem um estado de hidropisia. Nas enfermidades infecciosas, o suco, em forma de limonada, é refrescante e favorece a ação dos medicamentos antitérmicos. Nas gastrenterites, diminui a inflamação da mucosa e atenua as náuseas. Nas enfermidades do fígado, também produz bons resultados; no reumatismo, atenua as dores. O suco do limão traz resultados notáveis no escorbuto, enfermidade que, como se sabe, provém da falta de vitaminas no organismo. O suco de limão tem igualmente propriedades estimulantes sobre a pele, suavizando-a e fazendo desaparecer as manchas cutâneas.

Maçã (*Pyrus malus*)

A maçã é produto de uma árvore de porte mediano, da família das rosáceas, originária da Ásia Central e das regiões do Cáucaso. Da Europa foi trazida ao Brasil e se aclimatou nos estados do Sul.

A maçã é um depurativo do sangue. Em virtude do seu conteúdo em ácido málico, elimina os detritos provenientes do metabolismo. As curas de maçã acabam com a gota e o reumatismo. Tomado-se 110 gramas de maçã, como parte da primeira refeição, produz apreciáveis efeitos antiastríticos. A maçã é digestiva. Em todos os lugares se diz que maçã é bom para o estômago. Madura, cura a hipercloridria. É um alimento de mérito nas dispepsias infantis. A maçã, crua ou assada, é peitoral. Na tuberculose, na bronquite e na asma, dá resultados especiais, graças ao seu conteúdo em ferro. O caldo da maçã cura os catarros pulmonares. De modo geral, a maçã é boa para as afecções das vias respiratórias.

Mamão (*Carica papaya*)

O mamão é uma das melhores frutas do mundo, tanto pelo seu valor nutritivo, como pelo seu poder medicinal. Um dos seus mais importantes princípios é a papaína, reconhecida como superior à pepsina e muito usada para prestar alívio nos casos de indigestão aguda. Também tem efeitos benéficos sobre os tecidos vivos. O mamão maduro é digestivo, diurético, emoliente, laxante, refrescante, etc. O mamão comido em jejum, de manhã, é eficaz contra a diabete, a asma e a icterícia. É também bom depurativo do sangue e estomacal proveitoso.

Manga (*Mangifera indica*)

A manga – fruto da mangueira, árvore frondosa da família das Anacardiáceas, originária do sul da Ásia, hoje cultivada em todos os países tropicais e subtropicais – apresenta uma polpa carnosa, algumas vezes fibrosa, amarela em diversos tons, rica em terebintina e de agradável paladar ao natural ou sob forma de compotas, marmeladas, geleias e refrescos.

As mais conhecidas são: manga-espada, maga-rosa, manga-bourbon, manga-família, manga-favo-de-mel, manga-carlotinha e a manga-coração-de-boi. Combate as bronquites mais rebeldes, tem propriedades antiescorbúticas, é depurativa do sangue e favorece a diurese. Como expectorante, a manga é eficiente contra as enfermidades das vias respiratórias, como catarros, tosse, bronquite, etc. Nesses casos, usa-se preferivelmente em forma de xarope, com mel de abelhas.

Maracujá (*Passiflora macrocarpa*)

O maracujazeiro é uma planta trepadeira da família das Passifloráceas, de que há diversas espécies. No Brasil, são conhecidas muitas espécies de maracujá, com diferentes usos na medicina doméstica, a saber:

Maracujá-da-bahia (*Passiflora bahiensis*) – As folhas, em banhos quentes, têm indicação contra a gota. As sementes são vermífugas.

Maracujá-branco (*Passiflora capsularis*) – A raiz encerra propriedades emenagogas (comum no Rio de Janeiro).

Maracujá-mirim ou maracujá-de-garapa (*Passiflora edulis*) – O decocto das folhas, em fomentações, é desobstruente e diurético. Trituradas, aplicam-se as folhas sobre tumores hemorroidários (comum no Rio de Janeiro).

Maracujá-fedorento (*Passiflora foetida*) – Aplica-se, em banhos e cataplasmas, na erisipela e nas inflamações cutâneas de modo geral.

Maracujá-do-piauí (*Passiflora gardneri*) – A raiz contém virtudes emenagogas.

Maracujá-com-folhas-de-louro (*Passiflora laurifólia*) – As folhas são emenagogas e adstringentes (comum no Amazonas).

Maracujá-pintado (*Passiflora mucronata*) – As sementes são vermífugas (encontra-se nos estados de São Paulo, Minas Gerais e Rio de Janeiro).

Maracujá-peroba (*Passiflora picroderma*) – O decocto das folhas, em clisteres, alivia as hemorroidas (vegeta nos estados do Norte).

Maracujá-cheiroso (*Passiflora sicyoides*) – As folhas, em banhos quentes, são aplicadas contra a gota.

Murucauiá (*Passiflora murucauia*) – Tem propriedades sudoríferas, anti-histéricas e vermífugas.

Sururua (*Passiflora setácea*) – Usa-se, em decocção, para combater a diarreia crônica.

De modo geral, os maracujás são soníferos.

Marmelo (*Pyrus cydonia*)

O marmeleiro, árvore da família das Rosáceas, é originário da Ásia Menor e da Europa. Aclimatado no Brasil, é conhecido também pelo nome botânico de *Cydonia vulgaris*.

O suco de marmelo é bom contra as febres infecciosas, as hemoptises, as diarreias crônicas e os desarranjos biliares. Para os tuberculosos, o marmelo é um alimento e um medicamento excelente. O marmelo amassado e cozido, aplicado em forma de cataplasmas, alivia as hemorroidas sanguinolentas, exteriores.

Melancia (*Cucúrbita citrullus*)

A melancia é produzida por uma planta da família das Cucurbitáceas, oriunda da Índia e aclimatada no Brasil, sendo cultivada em todos os estados do país. Outro nome botânico para a melancia é *Citrullus vulgaris*.

Várias experiências provaram que a água contida na melancia provoca grandes descargas de ácido úrico, limpando, na sua passagem, os filtros renais. A melancia lava o estômago e os intestinos, dando à ração um volume total que provoca as contrações peristálticas das paredes do aparelho digestivo, evitando a atonia intestinal, que é a causa das constipações ou prisões de ventre e consequentes estados de melancolia, neurastenis, etc., tão próprias das gerações modernas.

Melão (*Cucumis melo*)

O melão é produzido por uma planta da família das Cucurbitáceas, originária da Ásia e aclimatada no Brasil.

O melão maduro é tido como calmante, refrescante, alcalinizante, mineralizante, oxidante, diurético, laxante, emoliente. Recomenda-se contra a gota, o reumatismo, o artritismo, a obesidade, a colite, a atonia intestinal, a prisão de ventre, as afecções renais, a litíase renal, a nefrite, a cistite, a leucorreia, auretrite, a blenorragia, a cirrose hepática, a hepatite, a icterícia, os cálculos biliares, a insuficiência hepática e outras afecções do fígado. O suco de melão é indicado no tratamento da febre tifoide e é útil contra as mucosidades da garganta, do esôfago, do estômago e a acidose.

Morango (*Fragaria vesca*)

Como fruta, não há quem não aprecie o morango, seja no seu estado natural, seja preparado em conserva.

Antes de ser usado, o morango precisa ser cuidadosamente lavado, o que é indispensável sob vários pontos de vista. É que os horticultores combatem as pragas dos morangueiros com auxílio de compostos de cobre e outros fungicidas e inseticidas venenosos. E pode haver horticultores não esclarecidos ou inescrupulosos, que reguem suas plantações com água de fossa. Daí o grande perigo de tifo, paratifo e outras moléstias contagiosas. Se o morango é de procedência duvidosa, deve ser banhado em sumo de limão, que afasta o perigo do qual estamos falando. Do morango, fruto, folha e raiz são empregados na medicina doméstica para combater várias enfermidades. A raiz em cozimento, é diurética e adstringente. As folhas, em cozimento, são prodigiosas para combater a diarreia crônica. O maior valor medicinal do morangueiro encontra-se no fruto, que é uma dádiva do céu. Combate os cálculos, tem propriedades antiúricas, é bom para os males dos rins, vermes, inclusive a solitária, gota, artritismo, icterícia, etc.

Nêspera (*Eribotra japonica*)

A nêspera, também chamada ameixa-amarela ou ameixa-americana, é produzida por uma árvore da família das Rosáceas, oriunda do Japão e da China e aclimatada no Brasil.

Os frutos acídulos e agradáveis têm aplicação contra a diarreia e contra a hemorragia interna. A casca da árvore é empregada como adstringente, em uso externo. Em decocção, a casca dá um gargarejo eficaz contra as anginas, as estomatites, etc. Empregam-se 20 gramas de casca seca ou 40 gramas de casca fresca para um litro de água.

Noz (*Juglans regia*)

A nogueira é uma árvore alta, esbelta e copada, da família das Juglandáceas, originária da Índia e da Pérsia e aclimatada no Brasil.

Por seu elevado conteúdo em fósforo, a noz é um tônico excelente para o cérebro e para os nervos. É um dos melhores tônicos para o organismo. Revigora os indivíduos debilitados. A noz tem efeitos laxativos. É muito indicada na tuberculose dos ossos, especialmente na da coluna vertebral e na diabete.

Pera (*Pyrus communis*)

A pera é produto de uma árvore de porte alto, de tronco grosso, originária da Europa Central, onde se encontra em estado silvestre. A pereira se aclimatou nos estados do Sul do país, mas não dá peras tão belas e saborosas como as europeias.

A pera tem importância, em primeiro lugar, por ser muito indicada na hipertensão arterial. A pera é também recomendada por suas propriedades diuréticas, mundificantes dos rins e depurativas do sangue. É igualmente útil contra a prisão de ventre, a inapetência, as enfermidades digestivas e as febres intestinais.

Pêssego (*Prunus pérsica*)

O pessegueiro é uma árvore da família das Rosáceas, oriunda da China Central, e não da Pérsia, como o nome equivocadamente indica.

O pêssego é uma fruta que se recomenda aos diabéticos, gotosos e tuberculosos. E, além disso, muito indicado na debilidade pulmonar, nas enfermidades dos pulmões, nas afecções do fígado, na prisão de ventre, nas úlceras cancerosas, herpes, dores reumáticas, hipertensão arterial e na anemia. Tem indicação também como colagogo, diurético, depurativo do sangue e desintoxicante.

Romã (*Punica granatum*)

A romãzeira é um arbusto pequeno, ornamental e medicinal, da família das Puniáceas. É originária da África setentrional e aclimatada no Brasil.

A romã é uma fruta oxidante, mineralizante, refrescante. O suco da romã, em forma de xarope, é um remédio para as anginas e as afecções da garganta em geral. É bom, também, contra a difteria, as inflamações gastrintestinais e as afecções gênito-urinárias.

O suco, além disso, encerra propriedades adstringentes: é eficaz contra as hemorroidas. É também indicado contra as cólicas, as febres em geral e a dispepsia.

Sapoti (*Achras sapota*)

O sapoti é o fruto de uma árvore da família das Sapotáceas – sapotizeiro – natural das Antilhas e bem aclimatado no Brasil.

As sementes de sapoti, trituradas, em decocção, são diuréticas e úteis no tratamento da litíase vesical. São também aperientes. A casca da árvore, em decocção, é febrífuga e adstringente.

Tâmara (*Phoeniz dactylifera*)

A tamareira é uma planta da família das Palmáceas, oriunda do Egito, da África setentrional e da Ásia, e cultivada no Brasil, onde atinge 8 metros de altura.

A tâmara é eficaz contra as enfermidades das vias respiratórias. O decocto da fruta é uma bebida emoliente, béquica e peitoral, útil para combater a tosse, a bronquite e os catarros.

A tâmara, posta de molho, dá um macerado muito bom contra as inflamações da garganta. Tanto o decocto como o macerado têm indicação nas afecções das vias urinárias, na gota e na artrite.

Tamarindo (*Tamarindus indica*)

O tamarindeiro é uma árvore elevada, da família das leguminosas, originária da África e aclimatada no Brasil.

A polpa ácida, agradável do tamarindo é laxativa. Pode preparar-se em infusão, na dose de 50-100 gramas para um litro de água. As tisanas preparadas com a polpa são indicadas nas doenças febris, nas irritações intestinais, nas cólicas do fígado, na disenteria. As folhas do tamarindo são vermífugas.

Tangerina (*Citrus nobilis*)

A tangerina é produzida por uma árvore da família das Rutáceas. Originária da China, acha-se aclimatada no Brasil. Chama-se também mexerica ou bergamota.

A tangerina é uma fruta muito útil contra a arteriosclerose, a debilidade da vista por causa de endurecimentos, a gota, o reumatismo, os cálculos, os tumores (adenomas, condromas, fibromas, gilomas, lipomas, miomas, mixomas, neuromas, osteomas), quistos recentes, endurecimentos cálcicos, cristalizações de ácido úrico, etc.

Uva (*Vitis vinfera*)

A videira é uma planta trepadeira. Abandonada a si mesma, cresce, evolui, insinua-se e cobre, com sua rica folhagem, tudo que a cerca. É invasora, mas não é rebelde. Mostra-se dócil, quando educada pela mão humana.

A uva atua sobre o fígado, o rim e sobre o intestino. A chamada cura da uva convém aos intoxicados, aos arteriosclerosos, aos comedores pletóricos. Por sua água e seus sais de potássio, ela ativa o rim e aumenta a diurese; por suas substâncias pécticas e seus tartaratos, influencia o intestino; por seu açúcar, estimula o fígado.

Amendoim (*Arachis hypogaea*)

Embora o amendoim não seja uma fruta, e sim um legume, resolvemos incluí-lo aqui, em caráter de apêndice, porque não poderíamos omitir um vegetal tão importante.

Comer amendoim em jejum, com algumas passas, é bom para combater a icterícia. Comer com sementes de melão ou abóbora, constitui um alimento magnífico para as pessoas que exercem atividades mentais. Nos casos de desnutrição, debilidade e tuberculose, têm-se recomendado a inclusão do amendoim na alimentação. O amendoim é um alimento formador de ácidos, pelo que não convém aos que sofrem de artrite. Os que têm estômago débil devem evitá-lo, porque pode resultar-lhes pesado. Exteriormente, aplica-se o azeite de amendoim nas hemorroidas. Nas afecções dos ouvidos, especialmente em caso de otalgia, aplica-se em gotas.

As Hotaliças

Abóbora (*Cucúrbita pepo*)

A abóbora, também chamada jerimum no Norte e Nordeste, é um vegetal da família das Cucurbitáceas, que se destaca sobretudo por sua riqueza em pró-vitamina A e pelo seu conteúdo em fósforo, cálcio e ferro.

Folhas – são boas contra a erisipela. Usam-se em fricções da mesma forma como as flores. Folhas frescas, contundidas, aplicam-se sobre queimaduras. A seiva das folhas faz desaparecer verrugas. Os pecíolos das folhas, fritos em azeite de oliva, aplicados em cataplasmas, ao peito, trazem bons resultados em caso de pneumonia.

Flores – em fricções, dão bons resultados contra erisipela, dissipando o inchaço. Ligeiramente assadas e aplicadas ao ouvido, são eficazes contra as otites.

Sementes – são calmantes e refrescantes. Em emulsão, prestam bons serviços nas inflamações do tubo digestivo, da bexiga e da uretra.

Acelga (*Beta vulgaris*)

A acelga é uma hortaliça da família das Quenopodiáceas, com folhas comestíveis, muito apreciada e frequentemente cultivada na América da Sul.

Em saladas, preparadas com limão, a acelga desinflama os nervos (neurite), vigoriza o cérebro e fortalece o estômago. É também muito útil nas seguintes enfermidades, para as quais se pode empregá-la em forma de salada ou suco, bem como cozida ao vapor: anúria, disúria, asma, diabete, enfermidades do fígado, colecistite, cólicas hepáticas, nefrite, cólicas renais, gota, reumatismo, enterite, colite, hemorragias intestinais, dermatoses (eczema, etc.), úlceras, chagas, vômitos de sangue, etc.

Agrião (*Nasturtium officinale*)

O agrião é uma planta da família das Crucíferas, conhecida e apreciada desde a mais remota antiguidade. É um vegetal riquíssimo em vitaminas e sais.

Nele se encontra cinco vezes mais ferro do que na couve, na alface e no salsão. Mesmo sobre o espinafre, o agrião leva vantagem, pela maior quantidade de ferro que encerra. Contém, igualmente, boa proporção de cobre. O agrião encerra inúmeras propriedades medicinais, podendo ser usado em saladas, em sucos e de muitas outras formas. É aperitivo, diurético, adstringente, antiescorbútico, refrescante, fortificante, oxidante dos humores do sangue, antidiabético e depurativo. Seu sumo é muito usado nas dermatites e nas litíases hepáticas e renais.

Aipo (*Apium graveolens*)

O aipo é uma planta herbácea, da família das Umbelíferas, usado como alimento, condimento e remédio.

O aipo encerra propriedades alcalinizantes, antipalúdicas, aperientes, carminativas, estimulantes, emenagogas, expectorantes, febrífugas, levemente laxantes e tônicas. Graças ao seu elevado teor vitamínico, o aipo protege o organismo contra diversas enfermidades: vitamina A – proteção contra a xeroftalmia; vitamina B – fortalecimento dos nervos; vitamina C – prevenção do escorbuto.

Alcachofra (*Cynara scolymus*)

A alcachofra, planta hortense da família das Compostas, é uma espécie de cardo melhorado pela cultura. Suas folhas espinhosas formam uma roseta basal, da qual se eleva a haste da inflorescência, que é um capítulo de flores em forma de cesta.

Como as pencas do cardo, a alcachofra constitui um alimento excelente para os diabéticos, diminui a quantidade de açúcar na urina, atua também sobre o fígado e favorece a secreção da bílis; os resultados clínicos obtidos nos poliscleróticos, nos aórticos, nos que padecem de insuficiências hepático-renais, etc., tornam essa espécie uma das mais belas conquistas da fitoterapia.

Alface (*Lactuca sativa*)

A alface é uma planta hortense da família das Compostas e de que se faz sobretudo a salada. Faz muito tempo que essa hortaliça merece especial interesse, não só pelo seu valor alimentício, mas também pelas suas virtudes medicinais. Seu próprio nome latino – *Lactuca sativa* – diz que ela é boa para a saúde.

A alface é laxante, diurética, depurativa, calmante, eupéptica, mineralizante, vitaminizante, desintoxicante, etc. O talo da alface espigada fornece um suco espesso, leitoso, o *lactucarium*, que contém a lactucina, um princípio ativo, amargo, graças ao qual a alface encerra propriedades hipnóticas; esse suco é sedativo natural do sistema nervoso. Prescreve-se contra a insônia, as palpitações do coração, a bronquite, a gripe, o reumatismo, a espermatorreia, o priapismo blenorrágico e a irritação de conjuntiva. Como sedante genital é magnífico, pois aplaca o excessivo desejo sexual; também se utiliza para combater a asma e a tosse dos tuberculosos, e especialmente, das crianças, a bronquite, as dores reumáticas e artríticas, e se emprega em todos os casos em que se necessita acalmar suavemente, sem produzir efeitos enérgicos e muitas vezes perigosos, como acontece com o ópio.

Alho (*Allium sativum*)

O alho é uma planta hortense, da família das Liliáceas, cujo bolbo se emprega tanto na cozinha como na medicina caseira. O uso do alho como agente medicinal data de época remotíssima. Sua aceitação baseou-se, certamente, em resultados bem observados, pois sua indicação aparece na primitiva medicina grega, hindu e egípcia.

Desde a Antiguidade lhe é atribuído efeito corretor sobre os gases abdominais e sobre a flatulência estomacal, causadora, entre outros sintomas incomodativos, de frequentes eructações.

O alho é indicado nas afecções catarrais agudas e crônicas, nas bronquites crônicas que dificultam a respiração, na tuberculose, na pneumonia, na asma, etc. Faz com que os escarros diminuam e percam o seu aspecto purulento. Combate eficazmente a tosse. Provoca uma melhora geral no estado do enfermo, mormente em caso de tuberculose. Amassado com azeite de oliva combate a prisão de ventre, regularizando o peristaltismo. Outrossim, estimula a secreção dos sucos gástricos e intestinais favorecendo a digestão, combate as toxinas intestinais e expulsa os vermes, mesmo a solitária. Emprega-se também com bons resultados, como: antisséptico, carminativo, depurativo do sangue, diurético, emoliente, febrífugo, tônico. É usado em casos de ácido úrico, cálculos, cólera, diabetes, difteria, enfermidades do fígado, dos rins e da bexiga, esgotamento, hidropisia, insônia, paludismo, picaduras de animais venenosos, reumatismo, sífilis, tifo e úlceras.

Batata (*Solanum tuberosum*)

Originária do Peru ou do Chile, a batata, também conhecida como batatinha ou batata-inglesa, é uma planta da família das Solanáceas, muito apreciada por seus tubérculos subterrâneos comestíveis, que constituem o alimento contemporâneo mais usado nas mesas europeias e americanas. As populações pobres de muitos países comem quase exclusivamente batata, de vez que esta solanácea é altamente nutritiva, substituindo o pão com vantagem. De facílima digestão, a batata desempenha um papel importante na digestão dos enfermos, dos convalescentes e das crianças.

O suco de batata é bom no combate ao escorbuto, é útil na acidez do estômago e bom também para úlceras, azia, diarreia, cistite, reumatismo, diabete, prostatite, queimaduras leves, etc.

Beldroega (*Portulaca oleracea*)

A beldroega é uma planta hortense da família das Portulacáceas. Nasce, floresce e frutifica espontaneamente, em lugares úmidos.

A beldroega tem muitas utilidades na medicina doméstica. É refrescante, mucilaginosa, diurética e vermífuga. É também laxante, emenagoga, soporífica. As folhas da beldroega acalmam as nevralgias. O suco combate a erisipela e as inflamações dos olhos. As sementes expulsam os vermes intestinais.

Berinjela (*Solanum melongema*)

A berinjela é uma planta da família das Solanáceas, cujos frutos, de cor escura e arroxeada, são muito apreciados como alimento.

A berinjela é oxidante, remineralizante, alcalinizante, calmante. Diminui o colesterol e reduz a ação das gorduras sobre o fígado. É um excelente remédio para o estômago, o baço e especialmente o fígado. As folhas da berinjela se prestam ao preparo de cataplasmas emolientes para queimaduras, abscessos, herpes, etc., e o suco dos frutos é bom diurético.

Beterraba (*Beta vulgaris*)

A beterraba é uma planta da família das Quenopodiáceas, de raiz carnuda e grossa, de que se extrai açúcar idêntico ao da cana. Mais de um terço da produção mundial de açúcar provém da beterraba; e o restante, da cana. Há muitas variedades de beterraba, as quais, entretanto, podem ser agrupadas em dois tipos: beterraba de raiz roxa e beterraba de raiz amarela.

A beterraba combate a febre, é calmante, é boa para o reumatismo, artrite, desarranjos do fígado, boa para glândulas de secreção interna, é refrescante para a pele, é laxante, diurética, etc.

Brócolis (*Brassica oleracea, var. botrytis asparagoides*)

O brócolis – um vegetal da família das Crucíferas – assemelha-se à couve-flor, da qual constitui uma variedade. Comem-se as folhas, as flores e os pedúnculos florais.

Graças ao seu elevado teor de cálcio (400mg em 100g de flores e 518mg em 100g de folhas) – cerca de cinco vezes a dose existente no leite –, esse vegetal é bom construtor dos ossos e dos dentes. Por sua riqueza em ferro, recomenda-se aos anêmicos. A vitamina A encontra-se, no brócolis, em elevada proporção, o que torna esse vegetal um útil alimento de defesa contra as infecções e contra a xeroftalmia. A taxa de vitamina C existente, tanto nas flores como nas folhas, é suficiente para cobrir as exigências diárias do adulto e para protegê-lo contra o escorbuto. As folhas são calmantes, emolientes, remineralizantes, oxidantes. O caldo das flores é calmante, diurético e combate as inflamações do tubo digestivo. Tanto as flores como as folhas têm efeito laxativo.

Caruru (*Amaranthus flavus*)

O caruru é uma planta silvestre, comestível, da família das Amarantáceas. É um vegetal nativo em quase todas as regiões do Brasil. Em muitas partes é conhecido pelo nome de "bredo".

Dada a sua altíssima quota de cálcio, o caruru é muito útil na formação dos ossos e dos dentes. O caruru opera como desobstruente, sendo recomendado nas afecções do fígado.

Cebola (*Allium cepa*)

A cebola – planta da família das Liliáceas –, usada como alimento, condimento e remédio, é uma das mais valiosas dádivas do Criador da natureza ao homem. Na mais remota antiguidade, a cebola já era conhecida e apreciada por muitos povos. Os egípcios lhe erguiam templos e levantavam altares. Os judeus sentiram muito a falta quando saíram do Egito.

A cebola, assim como o alho, o agrião e outros vegetais que a natureza nos oferece, são os melhores purificadores do sangue. Certos povos indígenas usam a cebola contra o reumatismo e a paralisia. Os Zulus, da África do Sul, usam a cebola bem como o alho, para curar antrazes (aglomerações de furúnculos). A alopatia tem a cebola como emoliente e depurativo eficaz, e a homeopatia a indica em grande número de males dos aparelhos respiratório e digestivo. A cebola tem ocupado um lugar de honra na farmacologia e na terapêutica. Durante séculos tem servido, se não para curar, pelo menos para tratar a anasarca, a asma, a ascite, a diabete, a hidropisia, a hipertensão, a enxaqueca, o reumatismo, a tuberculose e as febres tifoides.

Cenoura (*Daucus carota*)

A cenoura é uma planta hortense da família das Umbelíferas, cuja raiz – axial, tuberosa, suculenta, de sabor doce e agradável – é muito apreciada na arte culinária.

Quando há falta de vitamina A no organismo humano, a capacidade visual é muito diminuída, e uma das manifestações consequentes dessa carência alimentar é a "cegueira noturna". Por isso, a vitamina A é o elemento mais indicado no combate a essa perturbação da vista. É útil no combate às enfermidades do fígado, úlcera gastroduodenal, cólicas nefríticas; excita a secreção da bílis; é diurético, vermífugo, também é útil para tratar afonia, prisão de ventre, erisipela, amenorreia, enfermidades infecciosas, estimula o apetite, etc.

Chicória (*Chicorium intybus, Cricorium endivia*)

A chicória é uma planta hortense da família das Compostas, originária das zonas temperadas da Europa e da Ásia.

A chicória é digestiva, aperiente, tônica, depurativa do sangue, mineralizante, laxante, diurética, vermífuga, antiescorbútica, emenagoga, hepática, boa para os rins. É muito útil na amenorreia e na obstrução dos ovários, e eficaz contra o artritismo.

Couve (*Brasica oleracea*)

A couve é uma planta da família das Crucíferas, da qual existem numerosas variedades cultivadas, cujas folhas comestíveis são muito apreciadas.

A couve é remineralizante forte, laxante, oxidante e boa para a asma e a bronquite. Combate as enfermidades do fígado, como a icterícia e os cálculos biliares, assim como os cálculos renais, as hemorroidas, a colite ulcerosa, as menstruações difíceis ou dolorosas, etc.

O suco de couve é um tônito excelente, muito recomendado às crianças em fase de crescimento. Dissolve os cálculos, combate a artrite, desinfeta o intestino, cura as úlcera gástricas e dá ótimo resultado como vermífugo.

Couve-flor (*Brassica oleracea, var. borytis*)

A couve-flor é uma variedade da couve, caracterizada pelos pedúnculos florais, que formam massa carnuda antes de abrirem.

A couve-flor tem aproximandamente as mesmas propriedades do brócolis. Vegetal de fácil digestão, é neutralizante da acidez estomacal e, graças ao seu elevado conteúdo em cálcio, é bom construtor dos ossos. Recomenda-se também contra a prisão de ventre.

Dente-de-leão (*Taraxacum officinale*)

O dente-de-leão é uma planta da família das Compostas, que muito se assemelha à chicória. É um vegetal nativo no sul do Brasil, geralmente desprezado como "mato".

O dente-de-leão é colagogo, diurético, tônico, aperiente, estomacal, depurativo do sangue. É recomendado seu uso em hemorroidas, reumatismo, enfermidades hepáticas, hiperacidez, artritismo, hidropisia, etc.

Espargo ou Aspargo (*Asparagus officinalis*)

O espargo é uma planta hortense, vivaz, da família das Liliáceas. Espontâneo na zona temperada boreal, esse vegetal oferece cerca de cem espécies, todas dotadas de rizoma perene e folhas muito reduzidas, membranosas e esbranquiçadas. Os filamentos verdes, quase sempre tomados como folhas, são cladódios. A parte comestível dessa lilácea são os rebentos, chamados turiões, que saem dos rizomas. Cultivada em canteiros, torna-se carnuda, tenra, aromática e muito saborosa, ocupando o primeiro lugar entre as hortaliças mais apetitosas, que descansam nosso organismo dos efeitos dos alimentos pesados, tomados em excesso.

Desde tempos imemoriais, sabe-se que os turiões possuem propriedades diuréticas devido às ricas substâncias azotadas que contêm. O espargo é útil nas enfermidades do coração e da bexiga; é laxante, é bom no combate de catarros brônquicos e da tuberculose pulmonar.

Espinafre (*Spinacia oleracea*)

O espinafre é uma planta hortense, anual, da família das Quenopodíaceas, cujas folhas constituem ótimo alimento. Os filmes do marinheiro Popeye popularizaram, na forma de caricatura, as virtudes alimentares do espinafre, mas o público ainda tem uma ideia bastante vaga dos mistérios dessa hortaliça. Muitos sabem que ela encerra propriedades excelentes, mas ignoram quais, como e por quê.

O espinafre é recomendável às pessoas anêmicas. Seu caldo é tônico, diurético e laxante. Seu decocto é bom fortificante para os convalescentes e boa bebida para os que necessitam estar de dieta no fim de uma enfermidade febril. O espinafre é oxidante, remineralizante, calmante e bom para os nervos.

Feijão (*Phaseolus vulgaris*)

O feijão é uma planta da família das Leguminosas, cujas vagens e sementes são dotadas de grande valor nutritivo. Há 1.016 variedades de feijão, entre as quais o comum (*Phaseolus vulgaris*), o preto (*Phaseolus derasus*) e o anão (*Phaseolus nanus*) são alguns dos mais conhecidos. O Brasil é o berço do feijão. Cultivado por toda parte, de norte a sul e de oeste a leste, o feijão é o prato nacional por excelência; é o sustento do trabalhador dos campos; é o pão cotidiano do pobre e do rico; é, como o povo o batizou, "o pai de família"; é a comida predileta das crianças.

As vagens verdes, ricas em fosfatos de potássio, são excelentes para a acidose, inchações, indigestão e flatulências. As vagens são usadas no tratamento da diabete sacarina, pois agem sobre a glicemia, reduzindo-lhe a taxa. As vagens também trazem magníficos resultados em casos de debilidade geral ou desnutrição. A farinha de feijão goza de propriedades resolutivas e é ótima para acalmar as dores reumáticas, a ciática e as nevralgias em geral, casos em que se aplica em forma de cataplasmas quentes.

Nabo (*Brassica napus*)

O nabo é uma planta anual da família das Crucíferas, de folhas grandes e rugosas, flores amarelas e frutos secos em síliquas. A raiz é tenra, suculenta e desenvolvida, geralmente branca e lisa. Tanto a folha como a raiz podem ser utilizadas como alimento e remédio.

A raiz do nabo possui propriedades tônicas, antiescorbúticas e peitorais muito conhecidas. O nabo cozido é diurético e remédio tônico para fieiras, ulcerações da pele, etc. Possui também propriedades refrescantes e emolientes. Seu caldo pode regularizar uma inflamação intestinal, aguda ou crônica. Favorece a expectoração, sendo muito útil nos catarros pulmonares. Goza de propriedades reconstituintes dos tuberculosos.

Pepino (*Cucumis sativus*)

O pepino é uma hortaliça da família das Curcubitáceas, de sabor um tanto desenxabido e aquoso, o que não o priva de ser muito apreciado por certos paladares. Quase todos os sírios o comem com satisfação. Enquanto uns têm predileção por pepinos verdes, outros escolhem os maduros.

O pepino é alcalinizante, calmante, refrescante, emoliente, laxante, estimulante, mineralizante. O pepino é reconhecido como sendo, provavelmente, o melhor dos diuréticos naturais de que se têm conhecimento. É útil nas enfermidades dos dentes e das gengivas, inflamação da garganta, erupções cutâneas, gota, piorreia, reumatismo, promove o crescimento do cabelo, suaviza e embeleza a pele, emprega-se exteriormente para remover manchas, sardas, rugas, etc.

Pimentão (*Capsicum cordiforme*)

O pimentão é uma planta hortense da família das Solanáceas, cujos frutos, bagas escarlatas quando maduras, são muito ornamentais. De gosto algo picante, essa hortaliça constitui um alimento bastante apreciado por muitos, embora alguns a considerem um tanto indigesta. Suas variedades mais conhecidas são: o verde, o vermelho e o amarelo.

Combate o escorbuto, dores abdominais, manchas da pele, avitaminose, gases intestinais e hemorroidas.

Quiabo (*Hibiscus esculentus*)

O quiabo é uma planta da família das malváceas, cujos frutos – capsulares, cônicos, verdes e peludos – constituem apreciado alimento. Chama-se também gombô, quingombô, quibombô, etc.

O quiabo é emoliente notável, refresca os intestinos, é laxante mecânico, mas só deve ser comido tenro. É indicado para os que sofrem de tuberculose pulmonar, para os quais se usa essa hortaliça em combinação com outros alimentos. Nos casos de pneumonia, bronquite, etc., empregam-se cataplasmas de folhas cozidas, e recomenda ainda o preparo de um chá, tanto frio como quente, de flores ou frutas, que se adoça e se toma a gosto.

Rabanete (*Raphanus satisvus var. radícula*)

O rabanete – planta da família das Crucíferas – é uma espécie de rábano de raiz escura e carnosa. Tanto pelo seu sabor como pelos seus princípios medicinais e nutritivos, deve esse vegetal figurar na nossa dieta.

O rabanete (raiz e folha) é aperiente, eupéptico, antiescorbútico, alcalinizante, oxidante, mineralizante, calmante, diurético, tônico para os músculos, dissolvente dos cálculos biliares. É bom medicamento para os que sofrem de reumatismo, gota, artritismo, colelitíase, bronquite, catarros, resfriados, inflamações internas, erupções cutâneas, febres. O suco de rabanete é bom para combater a urticária e a artrite crônica, de origem hepática, bem como as pedras do fígado e a icterícia.

Rábano (*Raphanus sativus, var.niger*)

Rábano é o nome dado a diversas plantas da família das Crucíferas, de raiz maior e mais picante que a do rabanete. Chama-se também rabão. O rábano é diurético, laxante, colagogo, dissolvente dos cálculos, aperiente, digestivo, estimulante e antiescorbútico.

Repolho (*Brassica oleracea capitata*)

O repolho – planta hortense da família das Crucíferas – é uma espécie de couve com as folhas enoveladas, parecendo um globo. Encerra excelentes propriedades medicinais e nutritivas, destacando-se o seu teor em ferro, cálcio e vitaminas B1 e C. O repolho poderia ser na terapêutica o que o pão é na alimentação. O repolho é o médico dos pobres. É um medicamento de grande eficácia e de larga possibilidade de aplicação. Os romanos, durante seis séculos, não conheciam, por assim dizer, outro remédio a não ser o repolho. Empregavam-no interna e externamente como abstergente, e, em forma de cataplasmas, no tratamento das feridas dos seus legionários. O repolho estimula o crescimento do cabelo, é útil nas enfermidades do estômago, hemorroidas, distúrbios intestinais, gota, reumatismo, tuberculose, nevralgias faciais e dentárias, abscessos, etc.

Salsa (*Proteselium sativum*)

A salsa é uma planta da família das Umbelíferas, muito usada em temperos culinários. Vegetal de facílimo plantio, não exige maior trabalho que o da semeadura, podendo ser cultivado em qualquer nesga de terra, em qualquer ângulo de canteiro.

A salsa goza de propriedades diuréticas, emanagogas, carminativas, febrífugas, estomáquicas, aperitivas, estimulantes, nervinas, resolutivas, vulneráveis, depurativas, expectorantes, etc.

Soja (*Glycine híspida*)

A soja é conhecida há milênios na China, onde seu uso se tornou tão generalizado que constitui a base da alimentação do povo. Os povos do Oriente, que utilizam a soja em larga escala, consideram-na como o principal fator da sua resistência.

A soja é o melhor alimento para combater a desnutrição. O leite de soja pode ser aplicado na dietética infantil, principalmente nos casos de alergia ao leite animal. A soja é laxativa, é útil em doenças da pele, nervos esgotados, diabete, debilidade geral, etc.

Tomate (*Solanum lycopersicum*)

O tomate – fruto de uma planta hortícola da família das Solanáceas – é excelente como alimento, tempero e remédio. São conhecidas muitas variedades: Comum, Pera, Santa Cruz, Rei Humberto, Ficarazzi, Marglobe, Rutgers, Stone, Ponderosa, etc.

O tomate é antiescorbútico, antitóxico, antituberculoso, depurativo e alcalinizador do sangue, desinfetante para úlceras e chagas, emoliente, hepático, laxante, mineralizador, tônico, etc. O tomate figura com destaque entre os vegetais protetores: ele nos guarda contra as infecções de bactérias, a fraqueza geral e as perturbações digestivas e pulmonares. Tem efeito antisséptico. Neutraliza qualquer detrito de natureza ácida. É benéfico para o cérebro, desinflama (em forma de cataplasma) as hemorroidas, etc. O suco de tomate com um pouco de salsa é esplêndido remédio contra a artrite. Para eliminar calos e verrugas, aplica-se rodela de tomates durante a noite. O suco de tomate verde, em gargarejos, dá bons resultados na amidalite e, de maneira geral, nas inflamações da garganta.

Bibliografia

BALBACH, Alfons. *As Frutas na Medicina Doméstica*. São Paulo: A Edificação do Lar, [s.d.].

_____. *As Hortaliças na Medicina Doméstica*. 2 Ed. São Paulo: A Edificação do Lar, [s.d.].

DIVERSOS AUTORES. *Apostila de Botânica*.

Espaços Mágicos Vegetais

Nas páginas seguintes, verão uma porção de espaços mágicos vegetais construídos pelos meus alunos de Magia Divina das Sete Ervas Sagradas durante as suas aulas práticas.
Extasiem-se com eles!

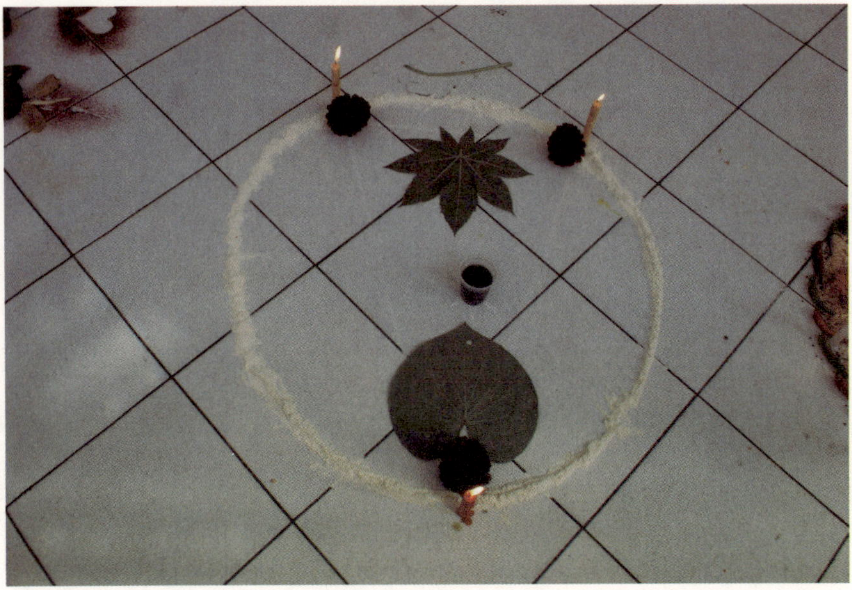

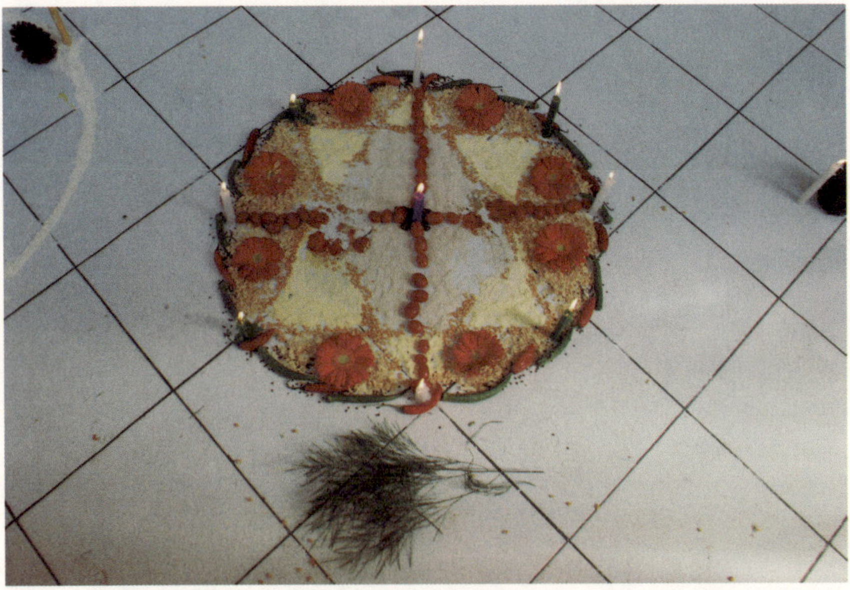

Espaços Mágicos Vegetais 139

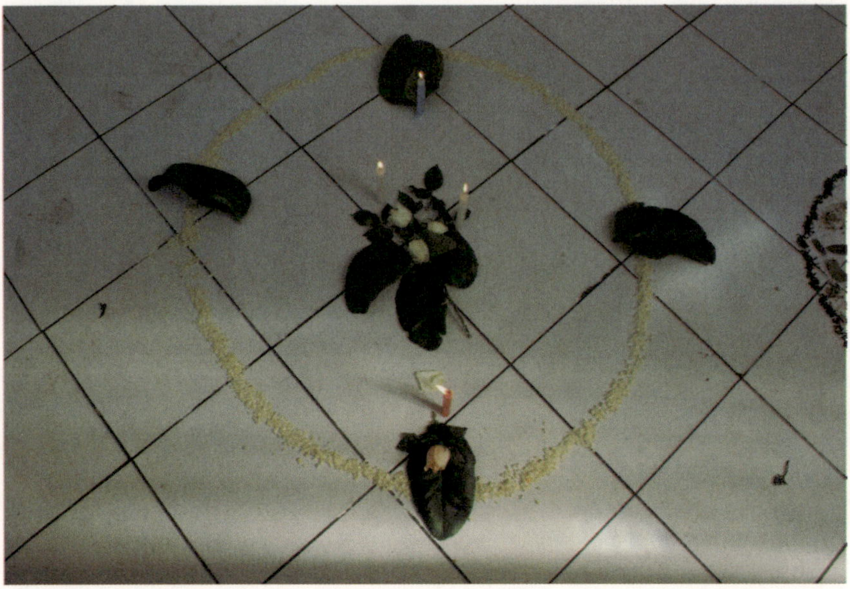

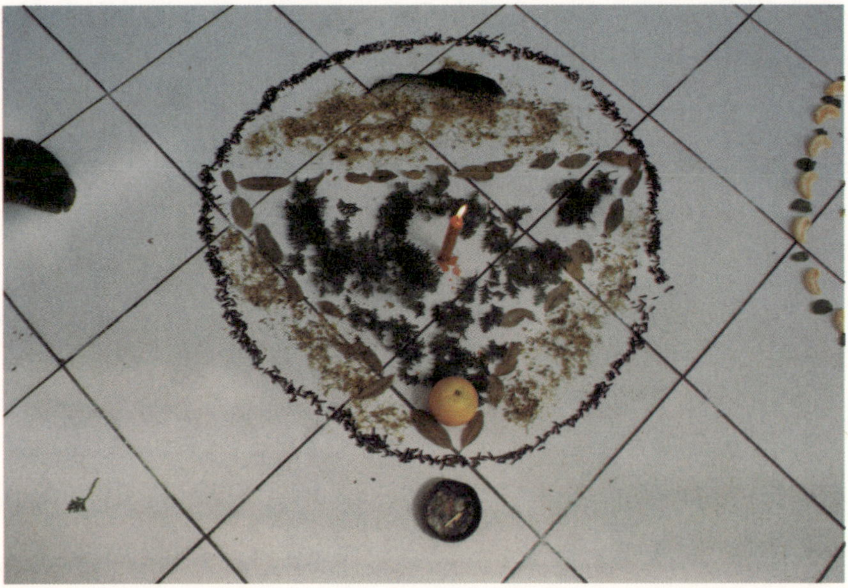

Espaços Mágicos Vegetais 141

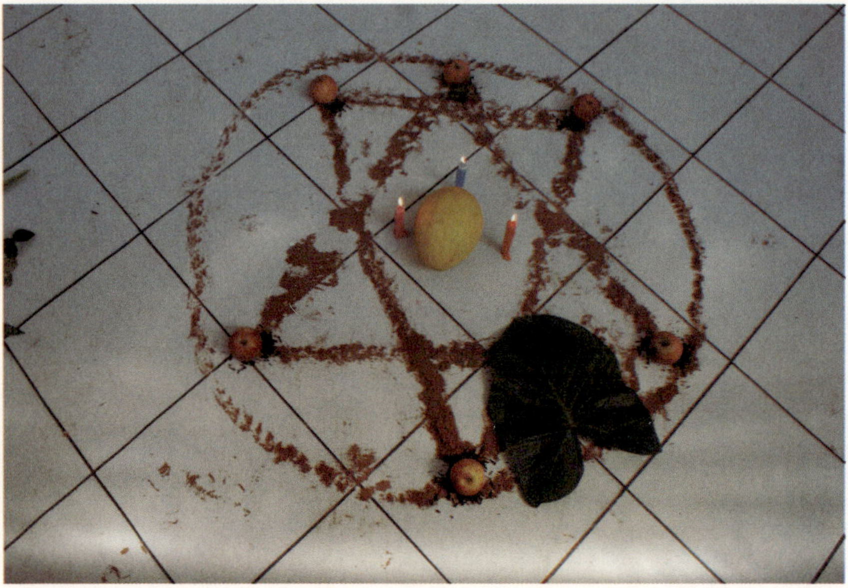

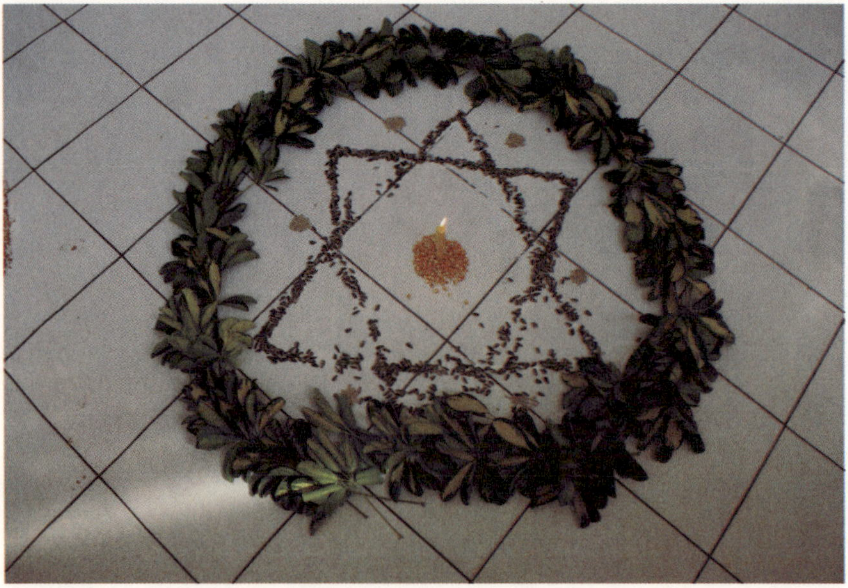

ESPAÇOS MÁGICOS VEGETAIS

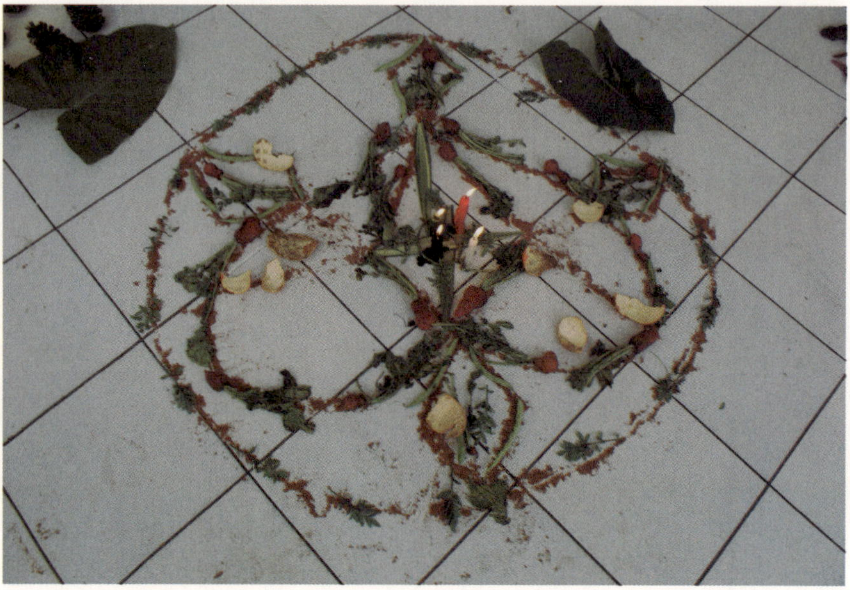

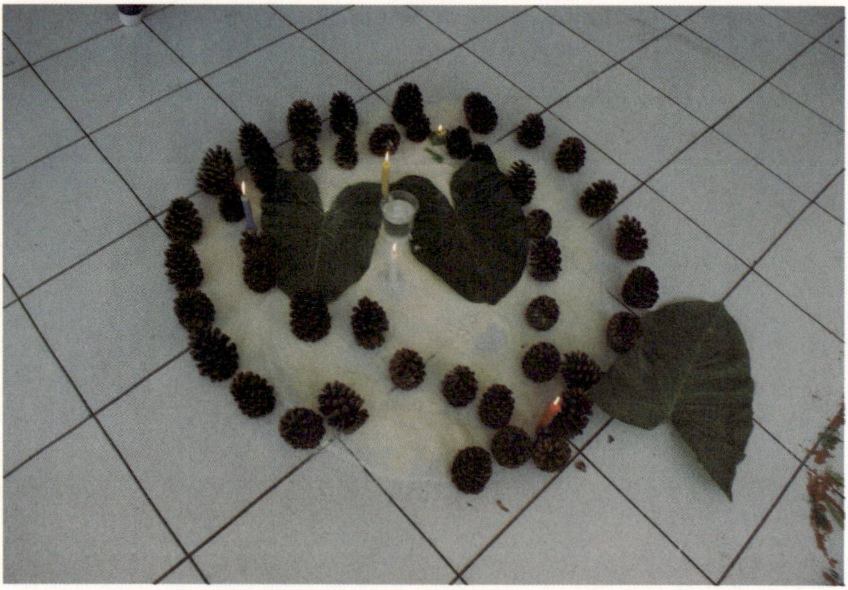

Espaços Mágicos Vegetais 145

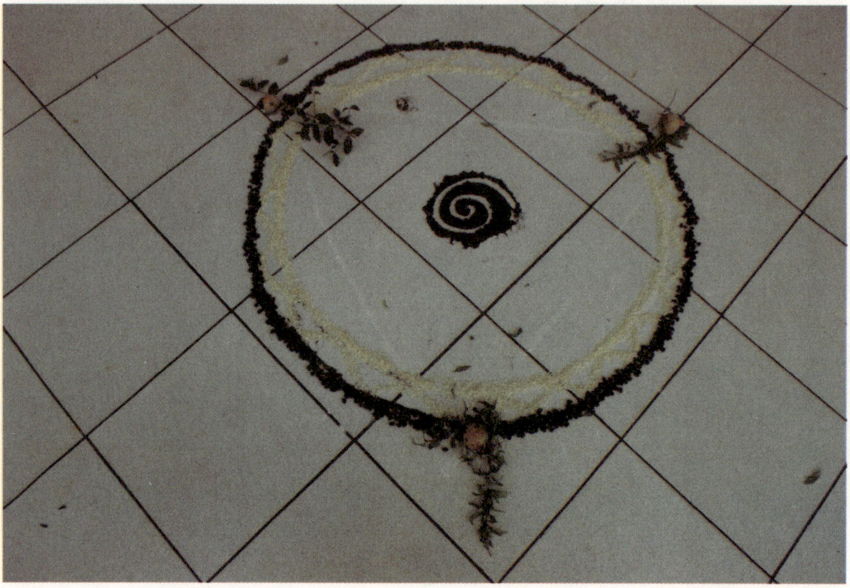

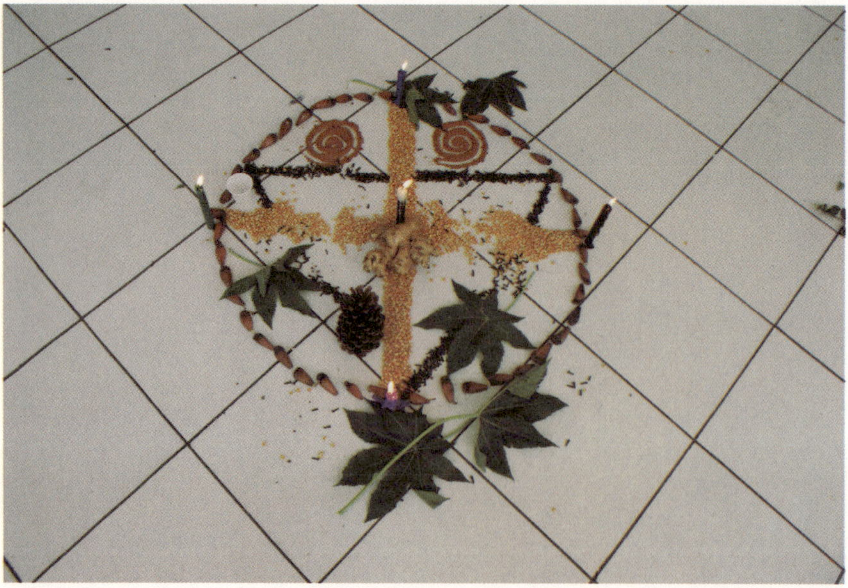

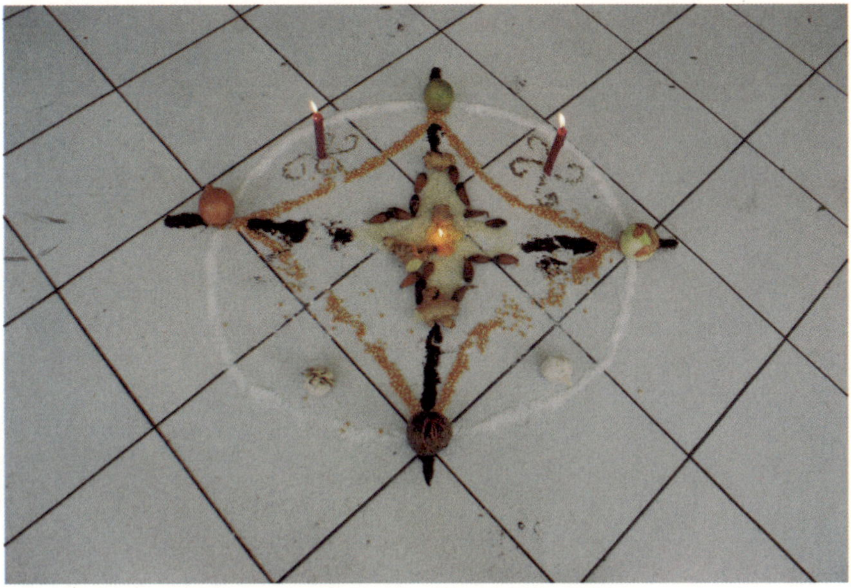

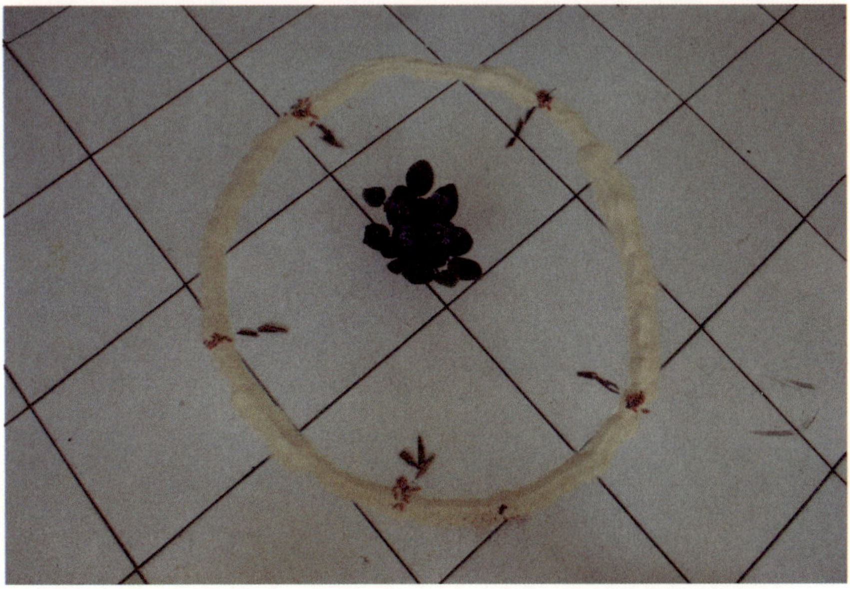

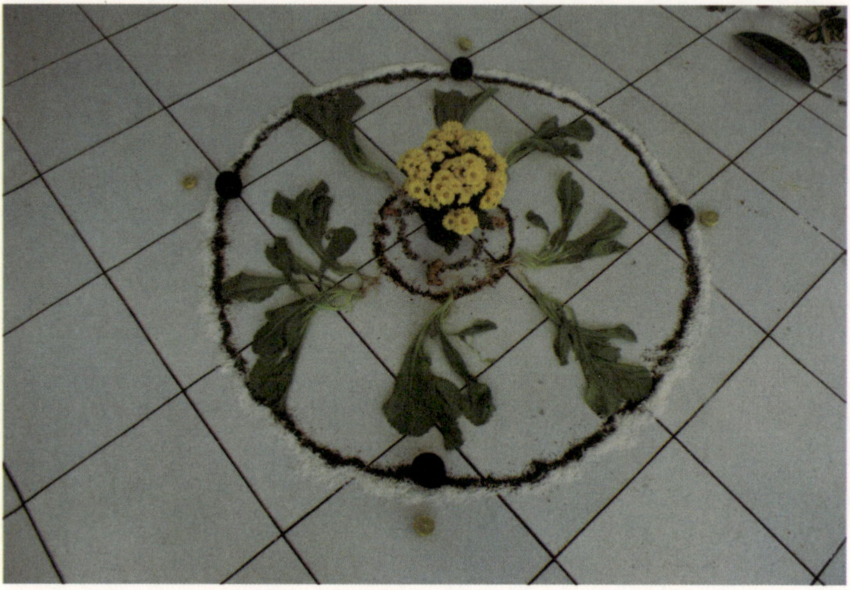

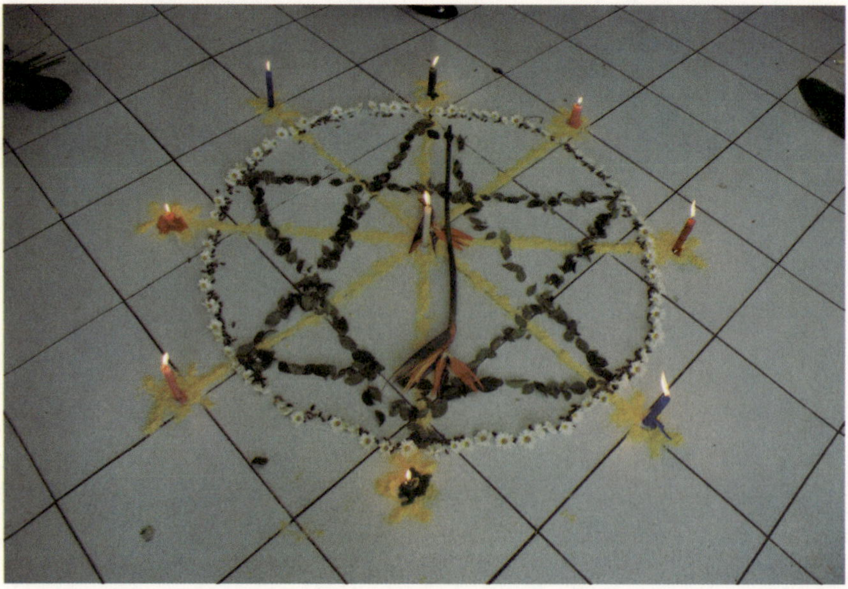

Espaços Mágicos Vegetais   149

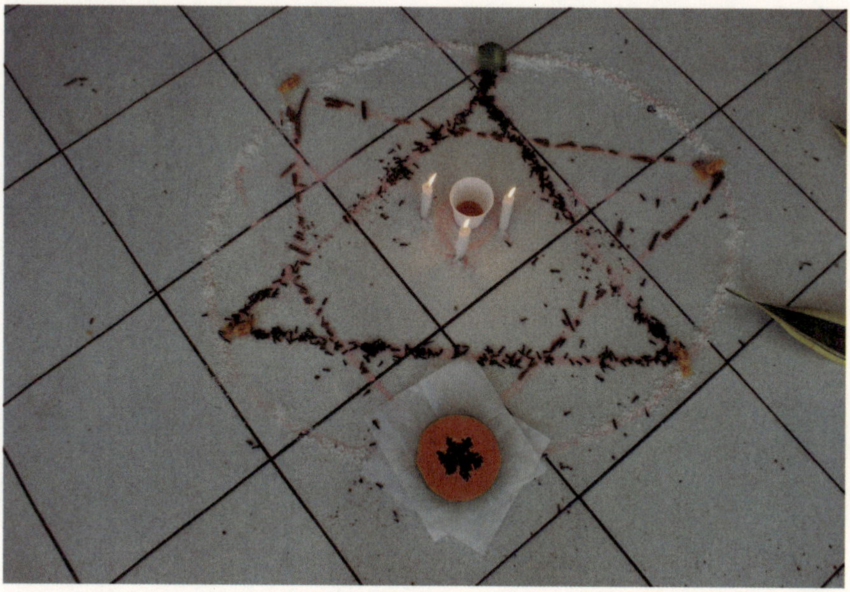

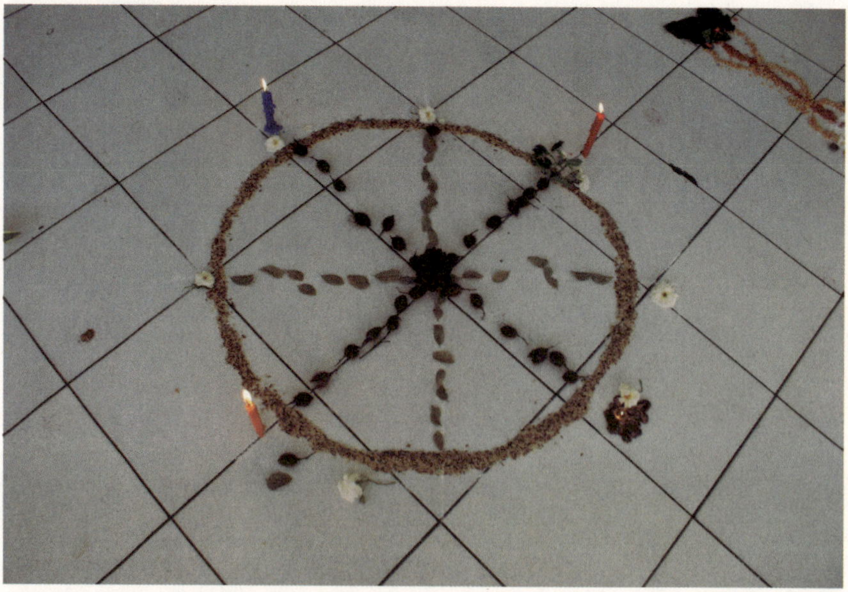

Espaços Mágicos Vegetais

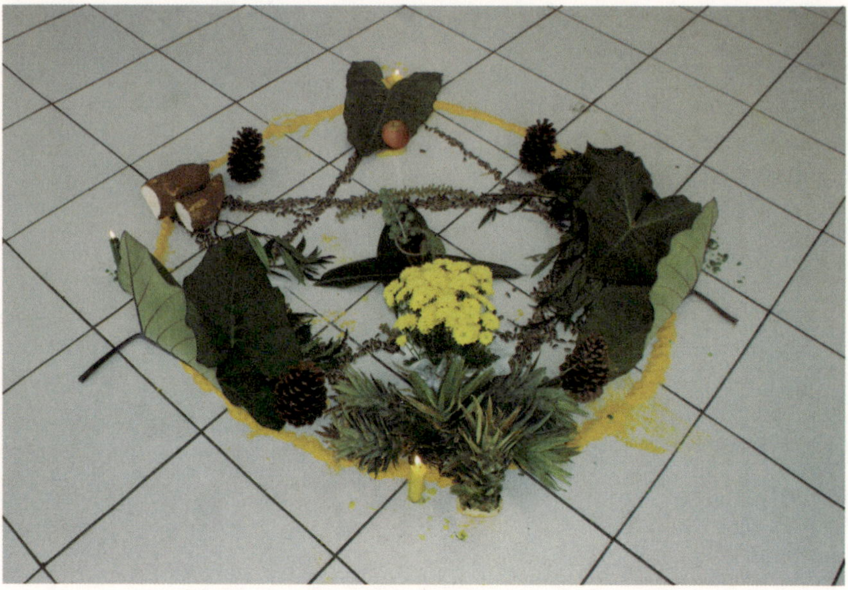

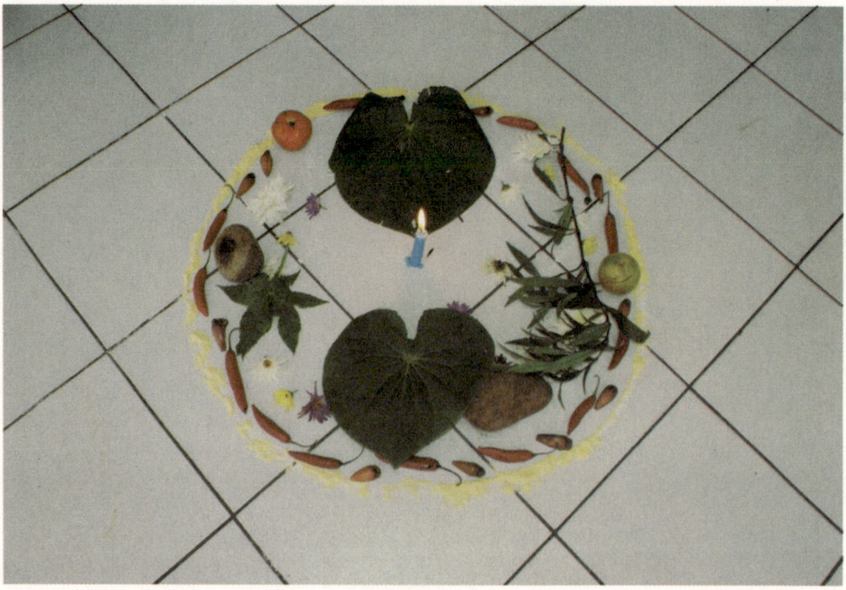

Espaços Mágicos Vegetais

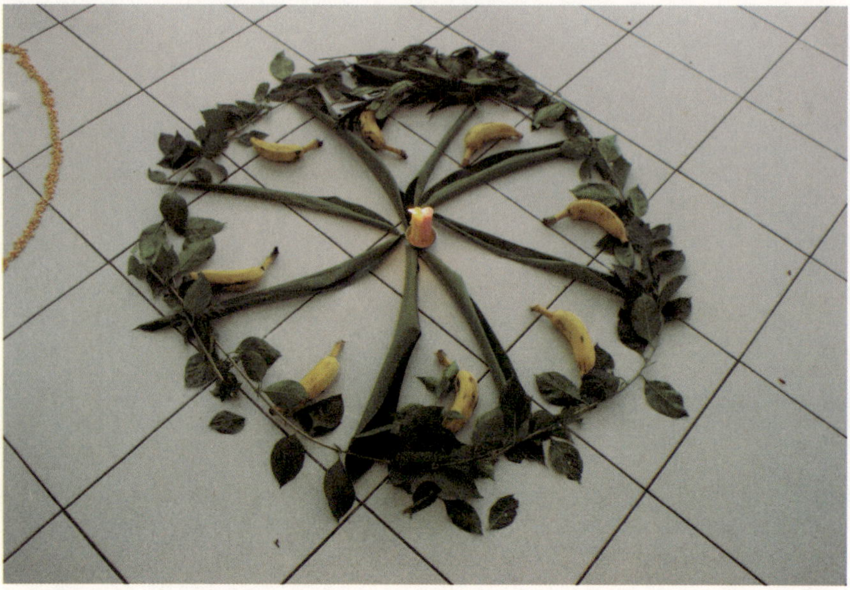

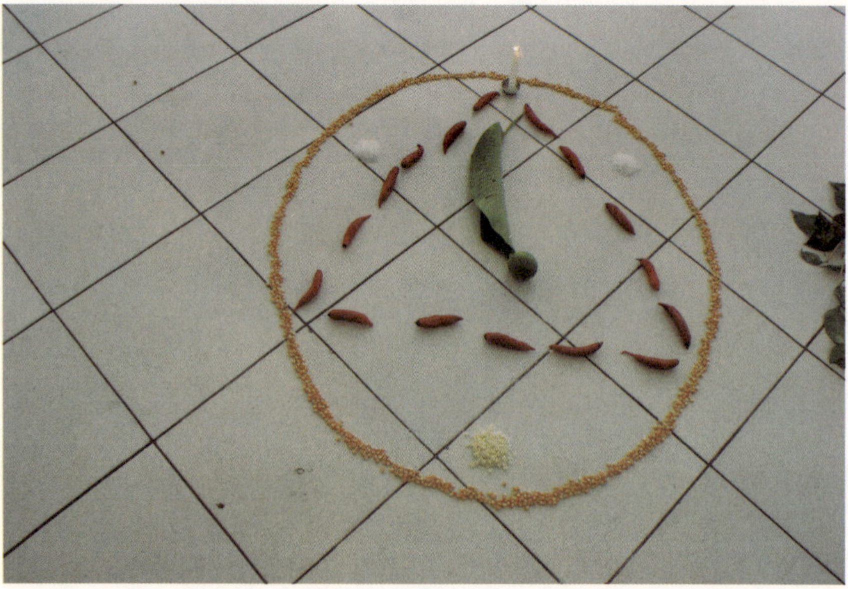

Espaços Mágicos Vegetais

155

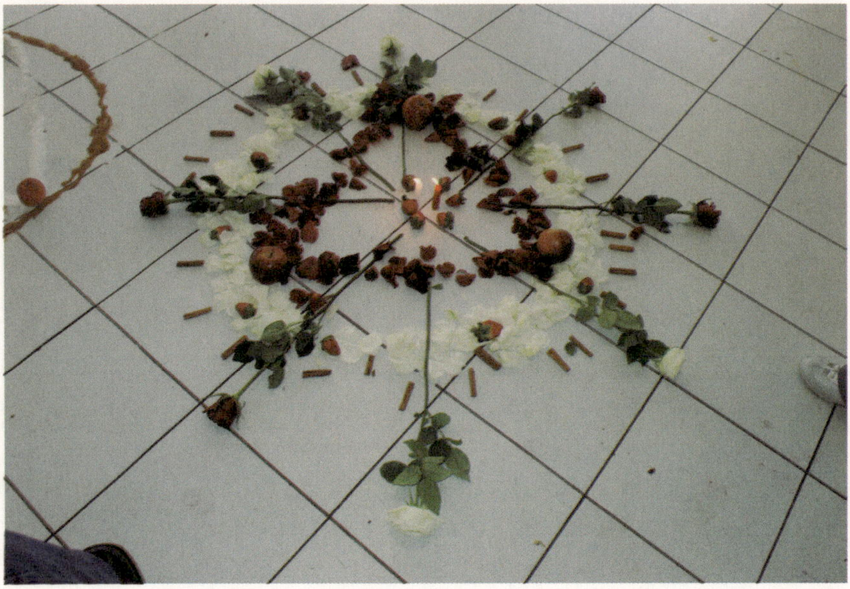

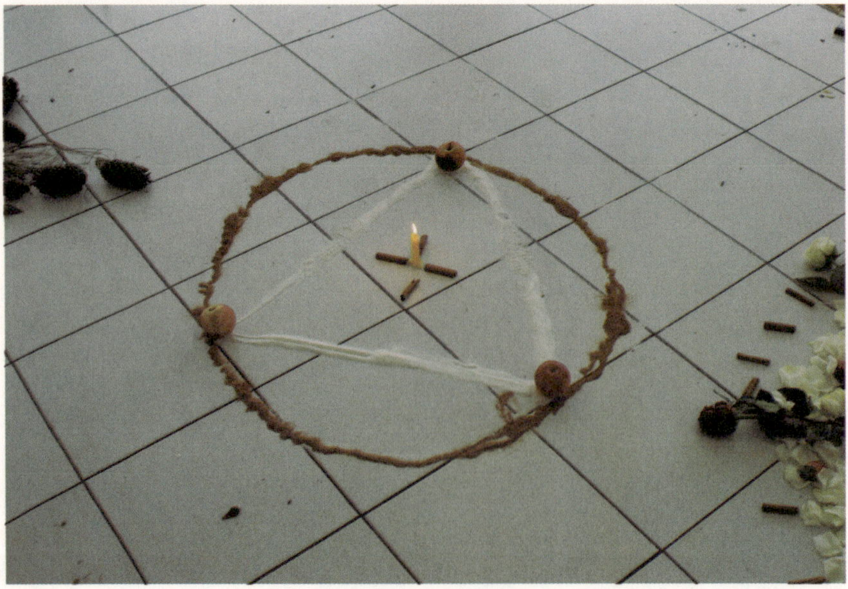

Espaços Mágicos Vegetais 157

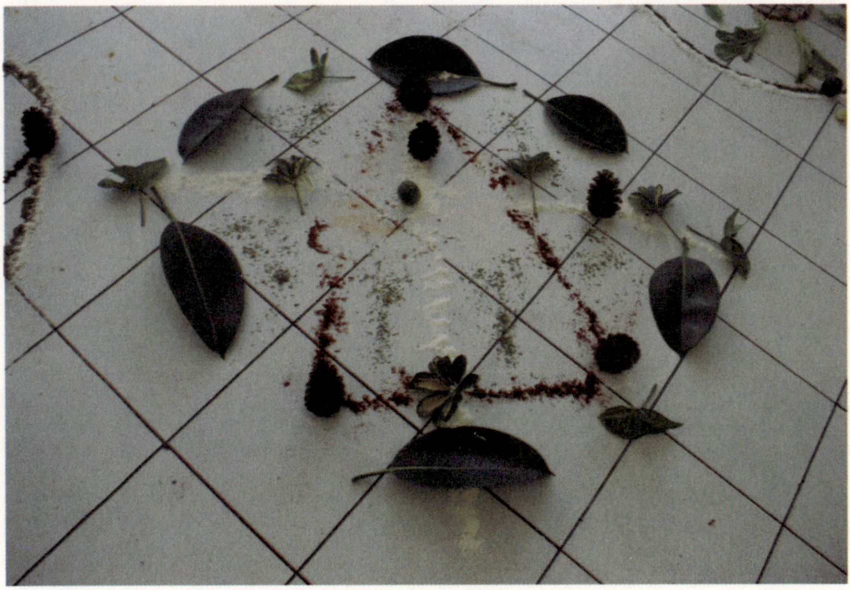

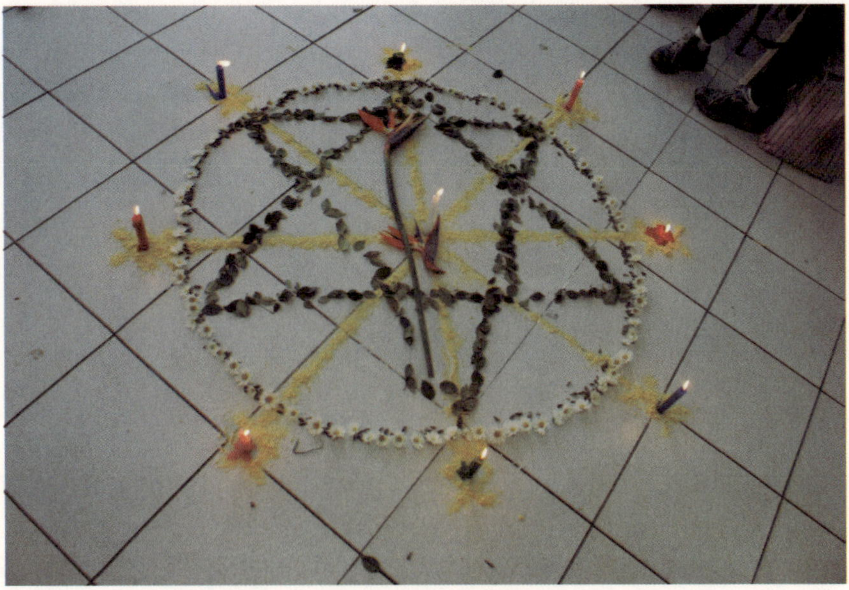

Espaços Mágicos Vegetais 159

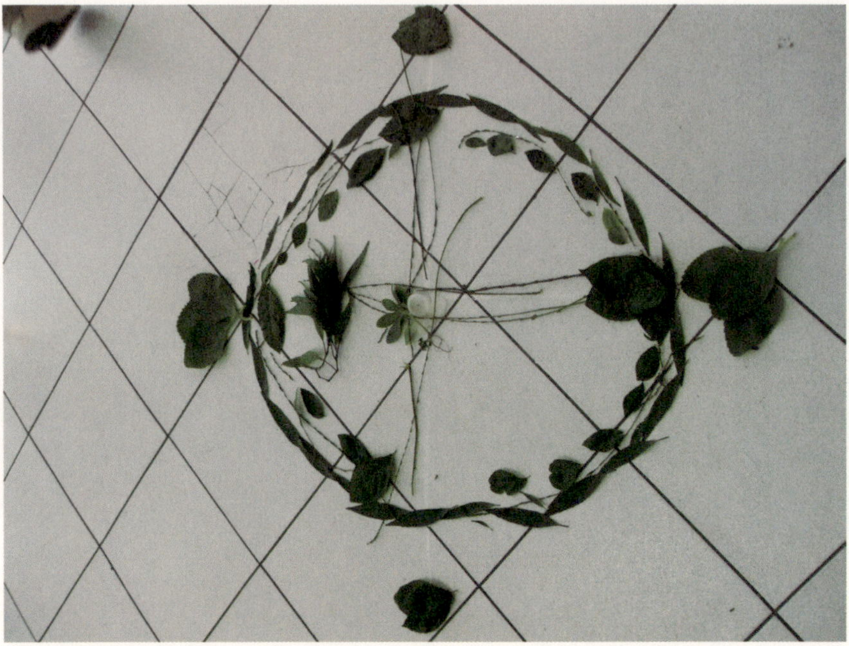

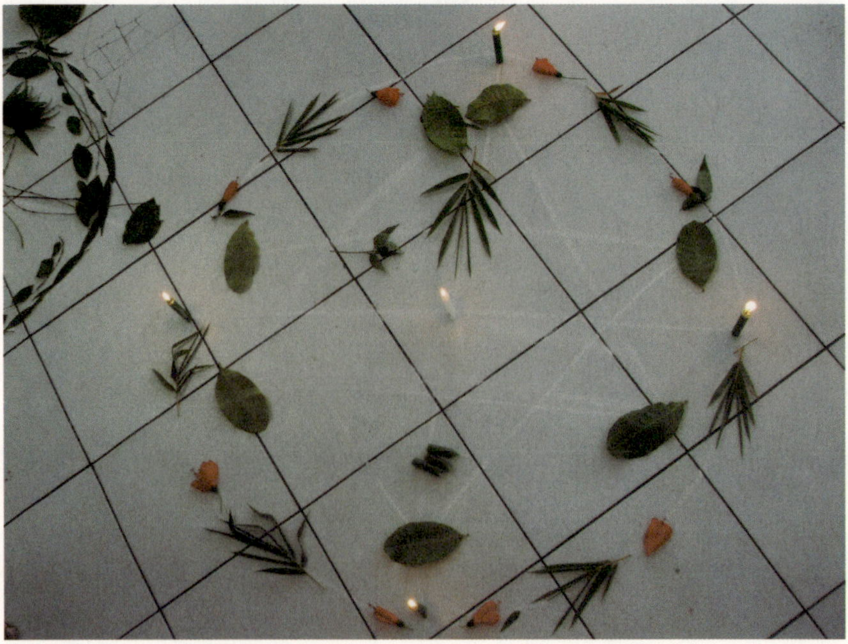

Espaços Mágicos Vegetais   161

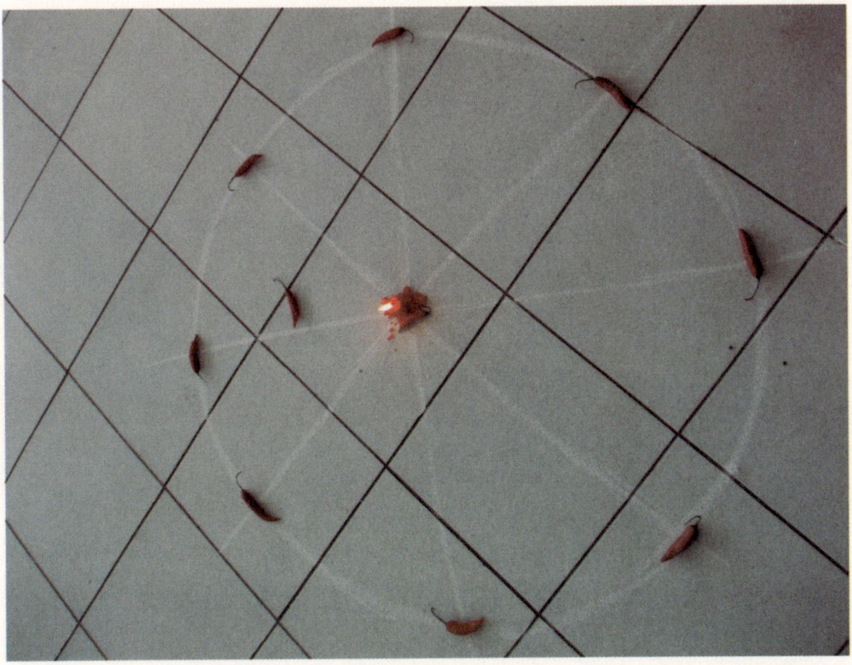

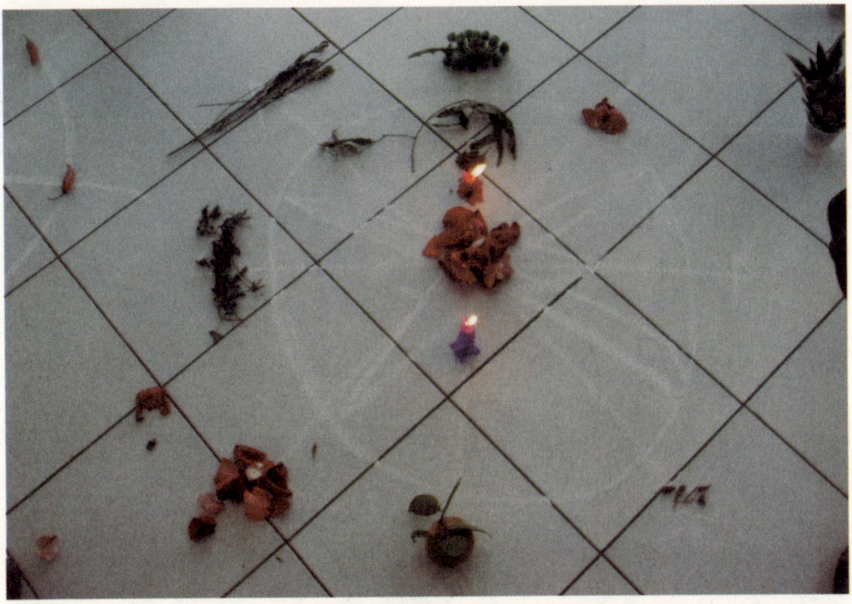

ESPAÇOS MÁGICOS VEGETAIS 163

MAGIA DIVINA DAS SETE ERVAS SAGRADAS

Espaços Mágicos Vegetais   165

Magia Divina das Sete Ervas Sagradas

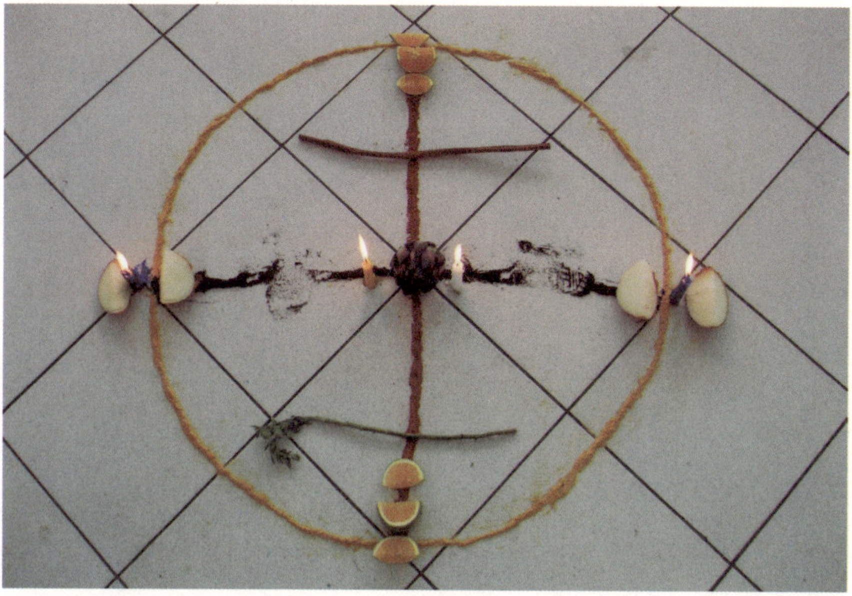

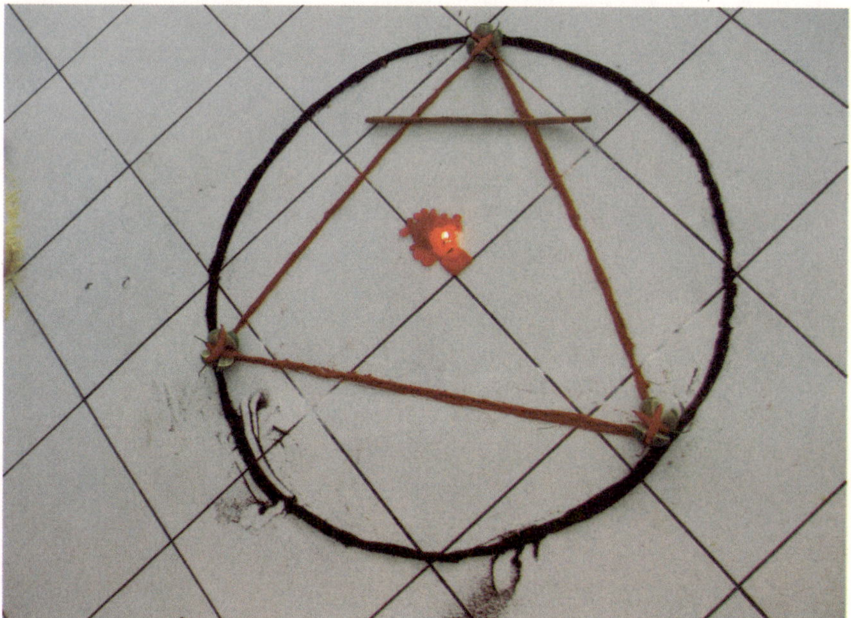

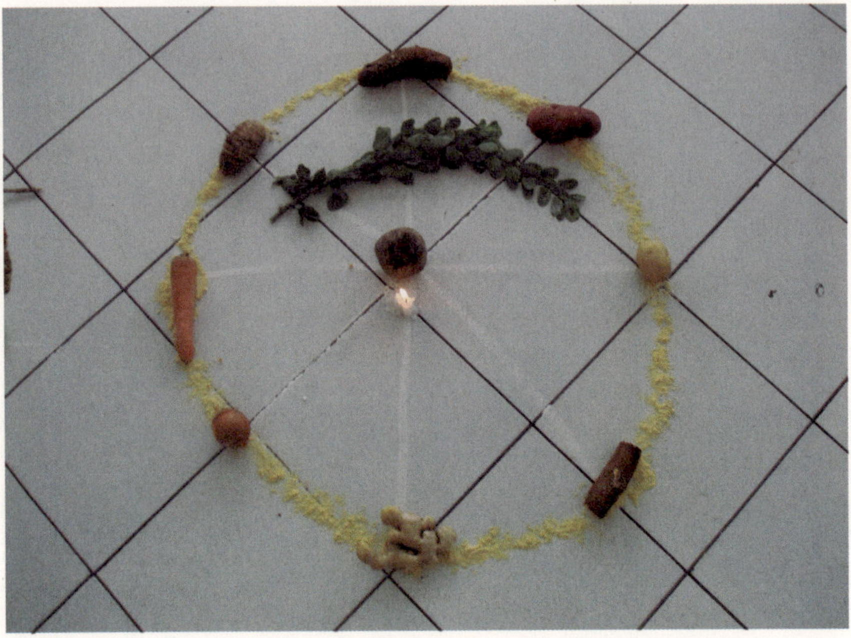

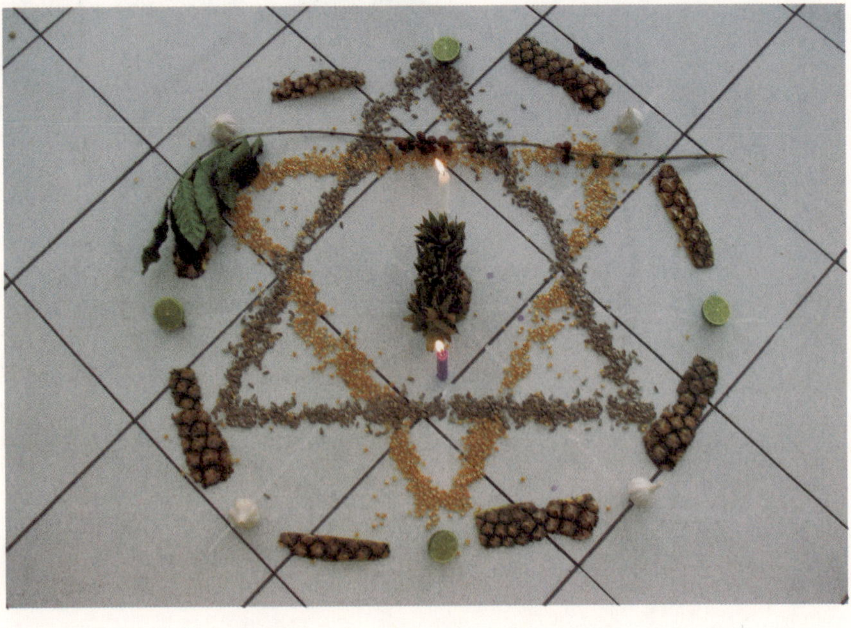

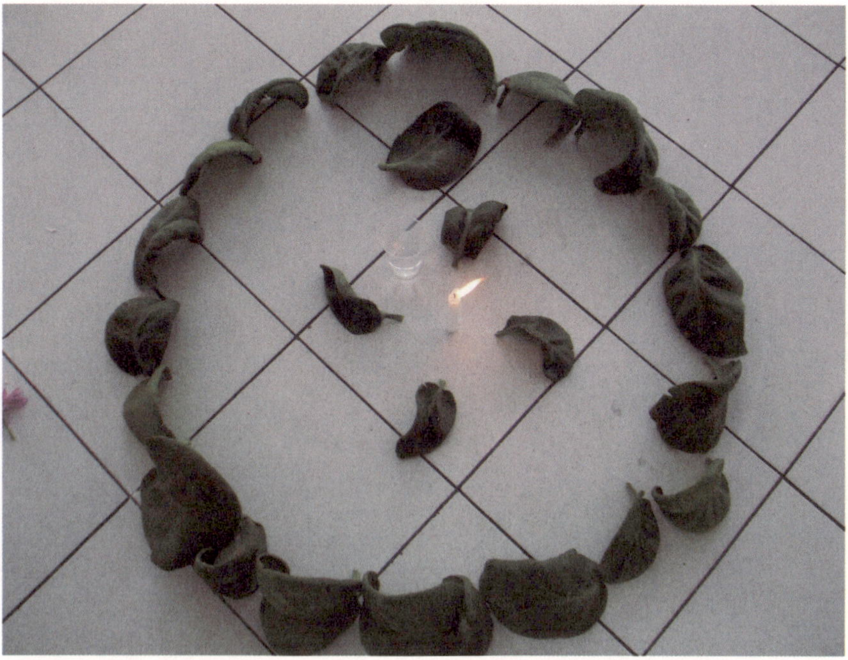

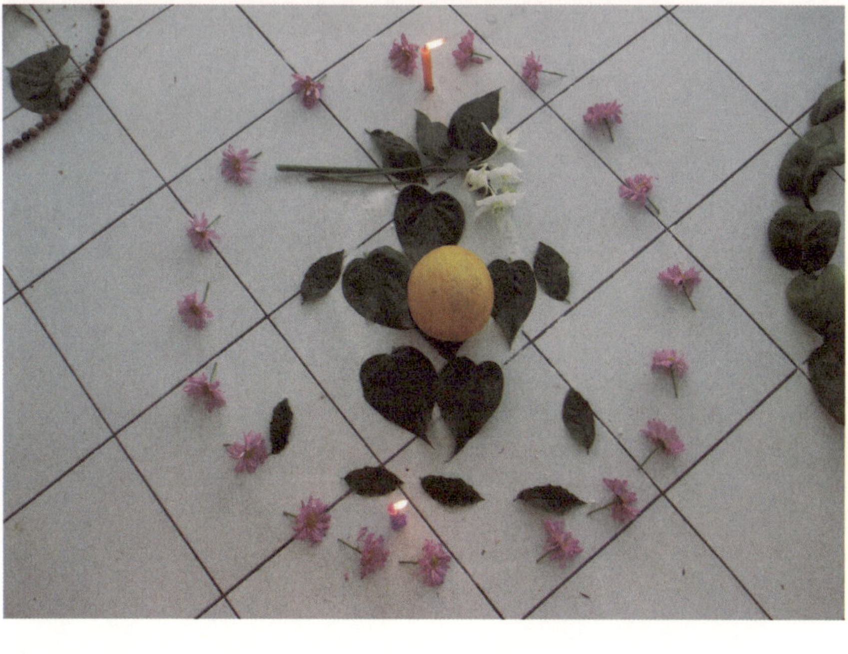

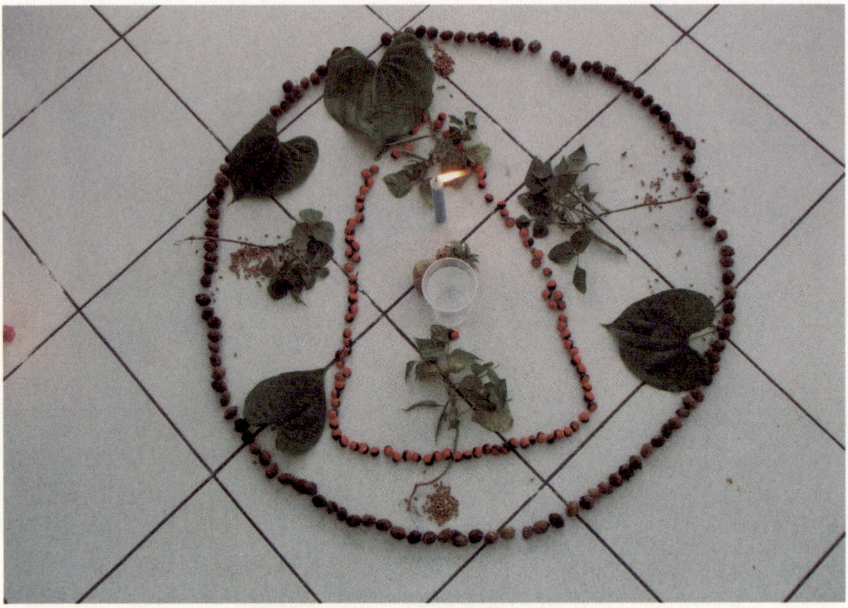

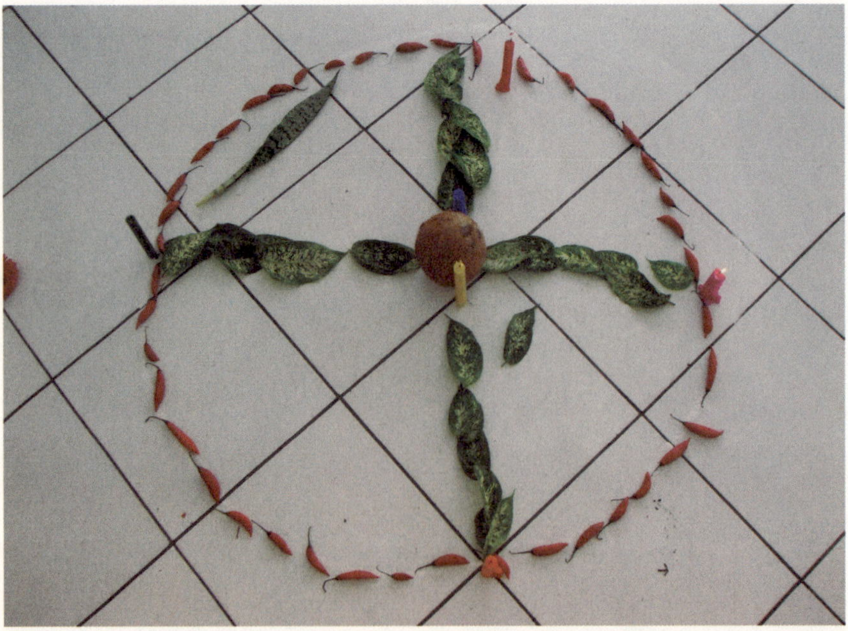

Espaços Mágicos Vegetais   171

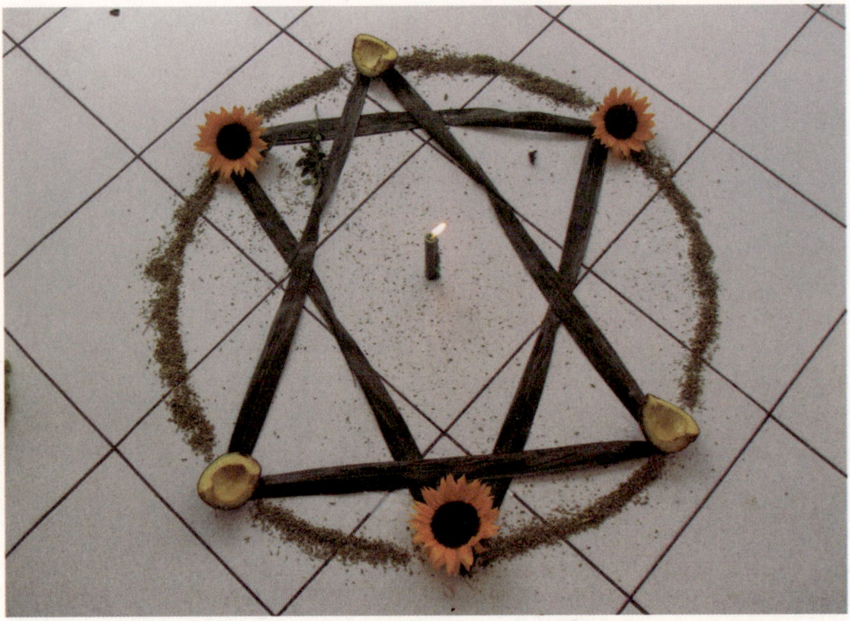

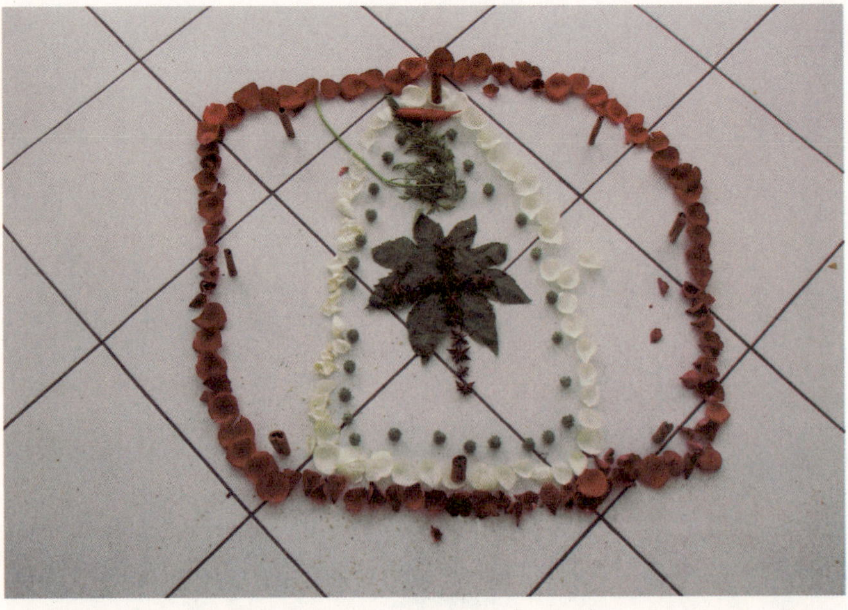

Espaços Mágicos Vegetais 173

174　　　　　　　　　　　　　　　　　　Magia Divina das Sete Ervas Sagradas

Espaços Mágicos Vegetais 175

Magia Divina das Sete Ervas Sagradas

Espaços Mágicos Vegetais 177

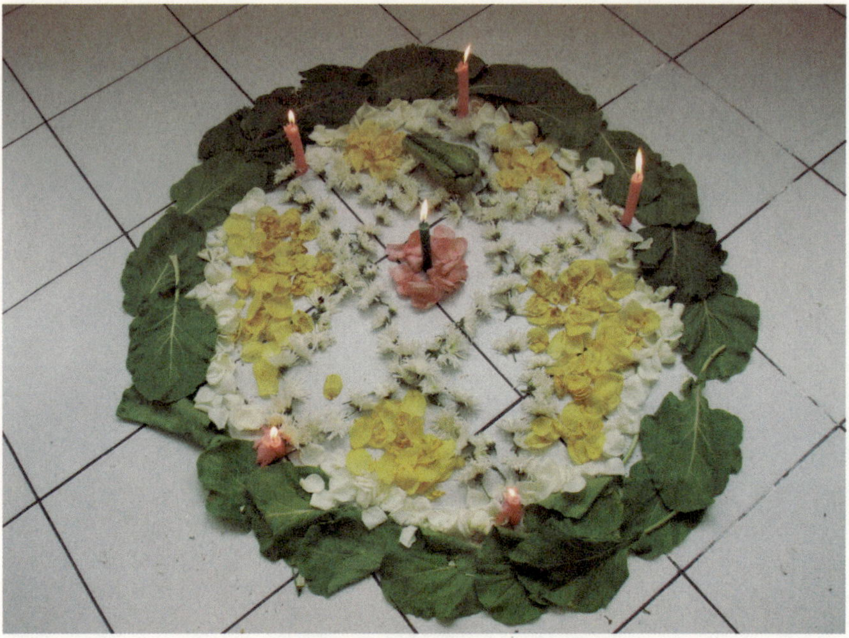

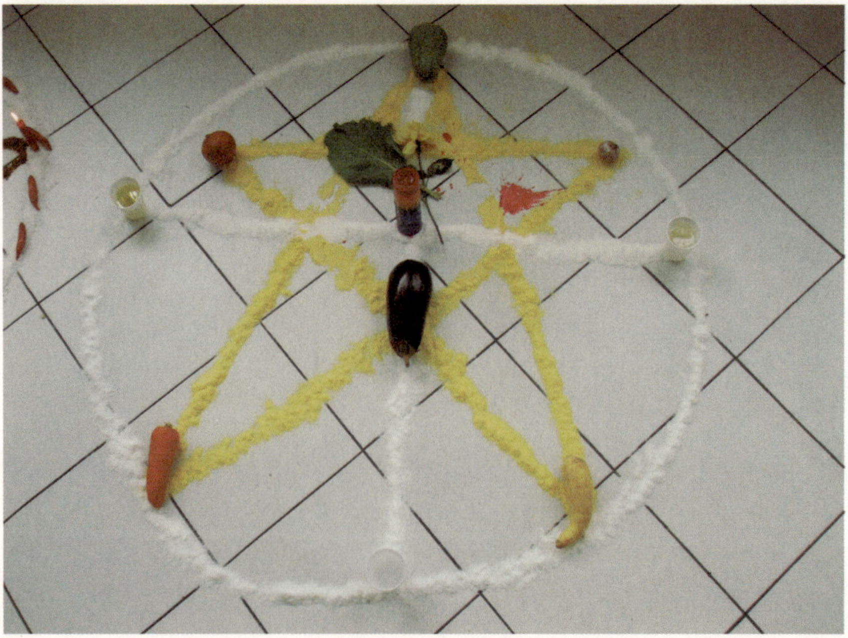

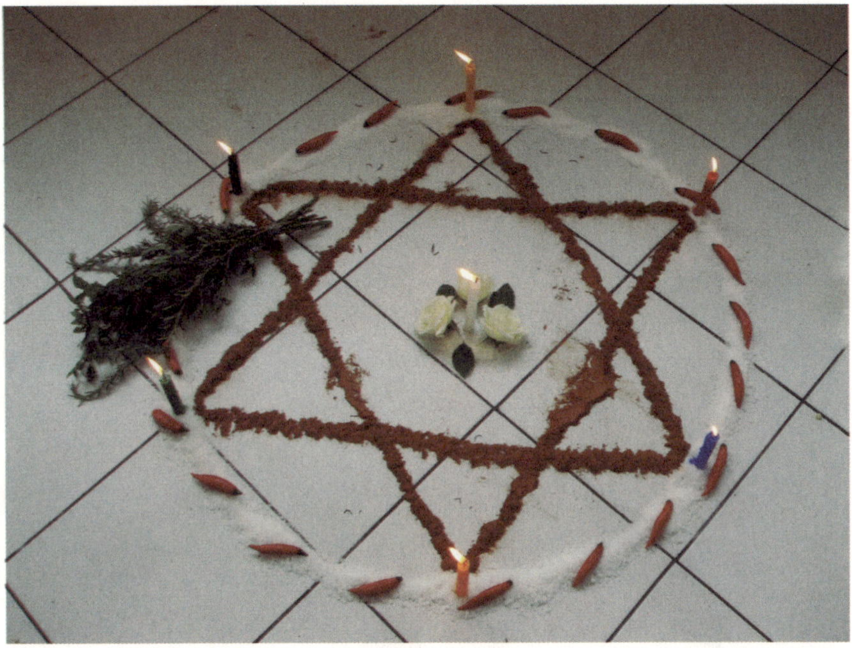

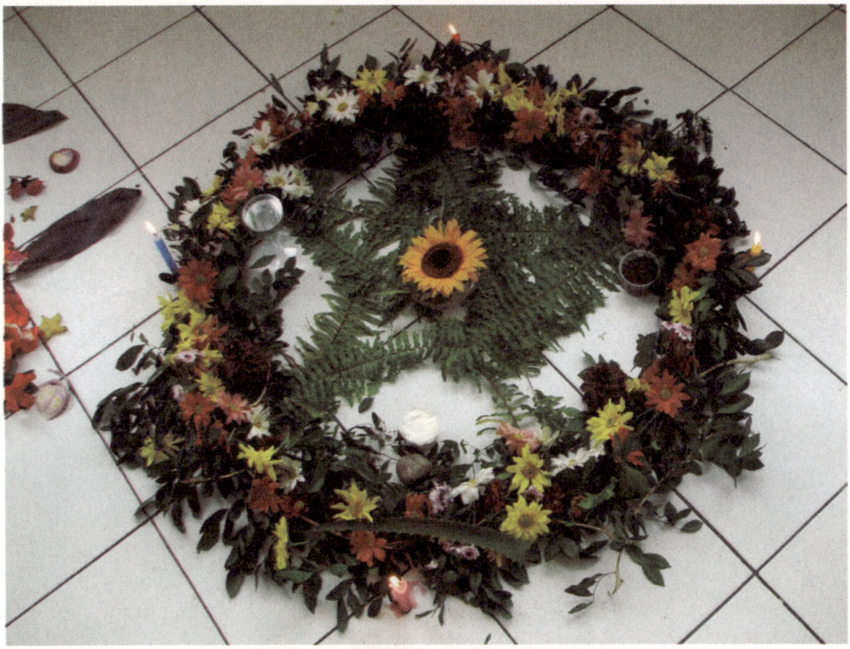

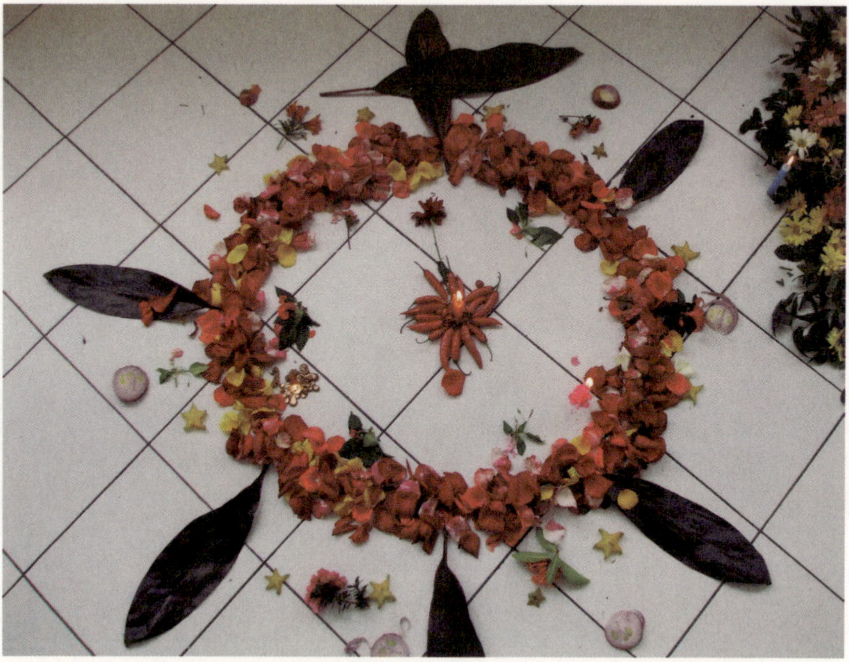

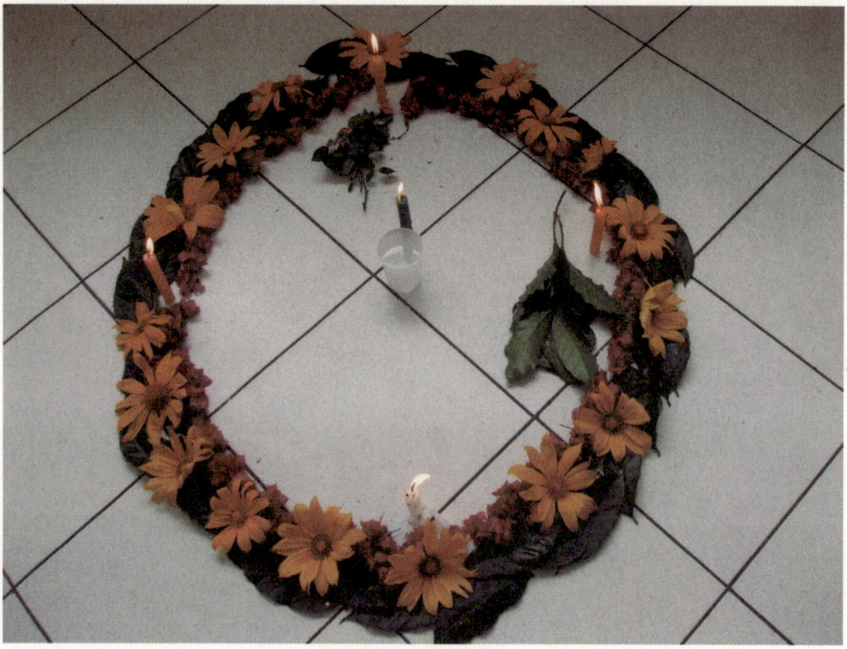

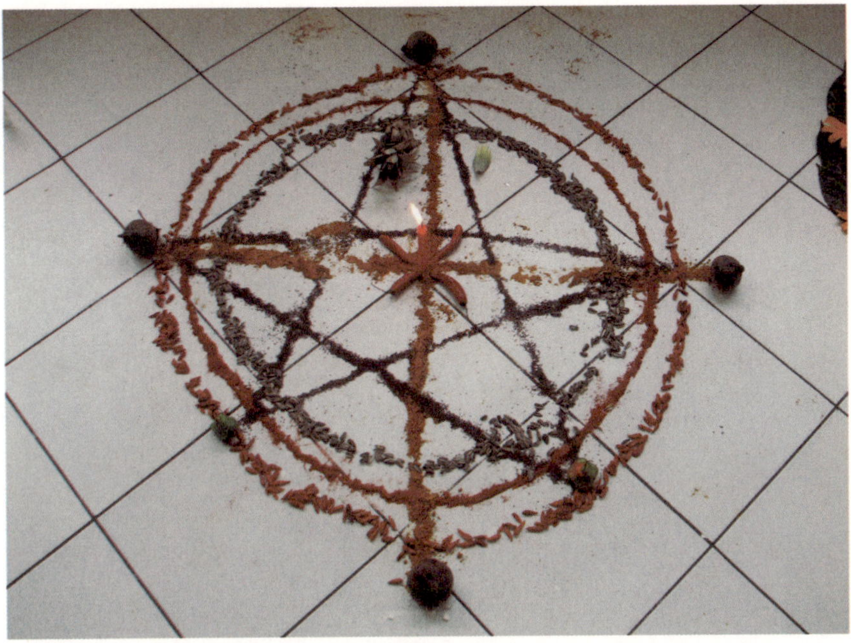

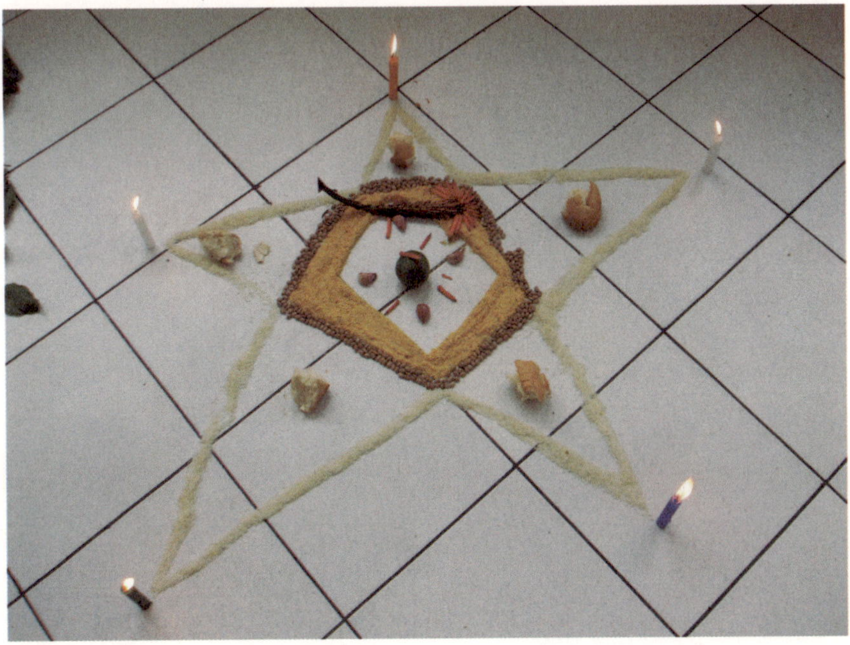

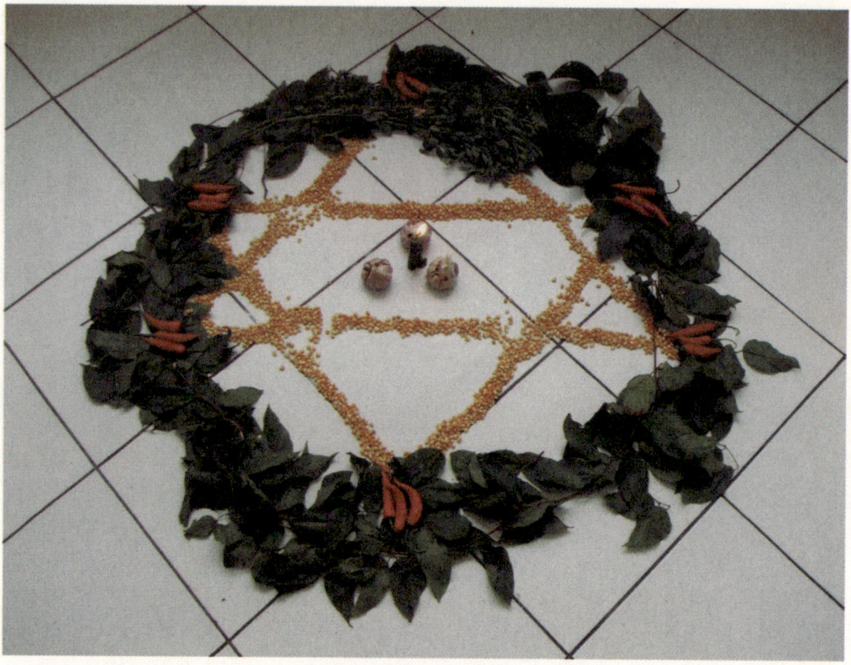

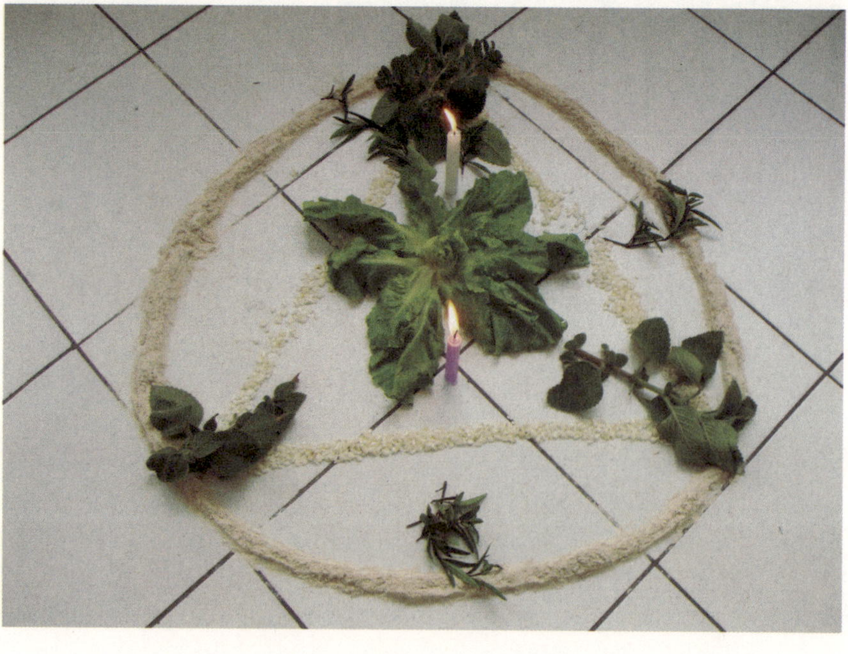

Espaços Mágicos Vegetais 183

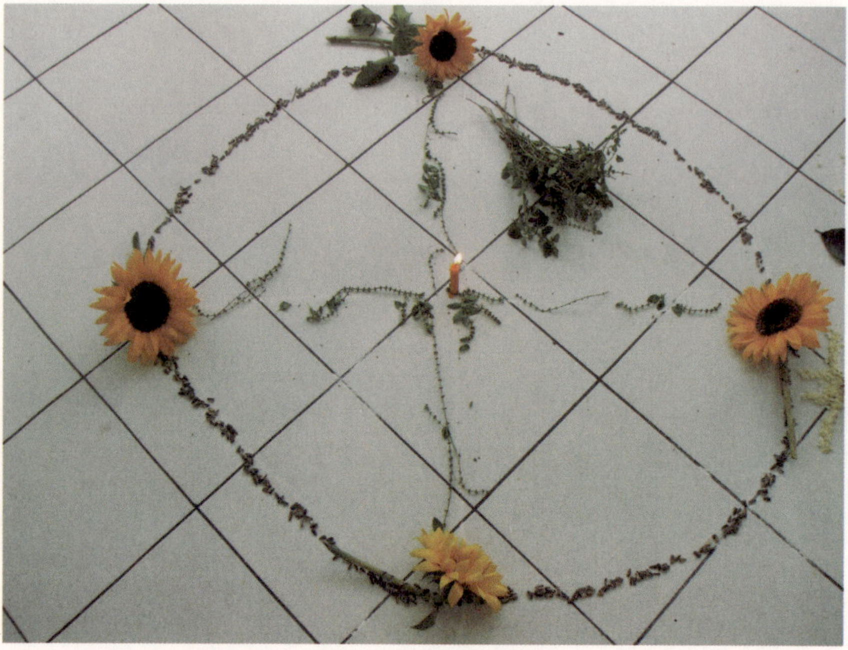

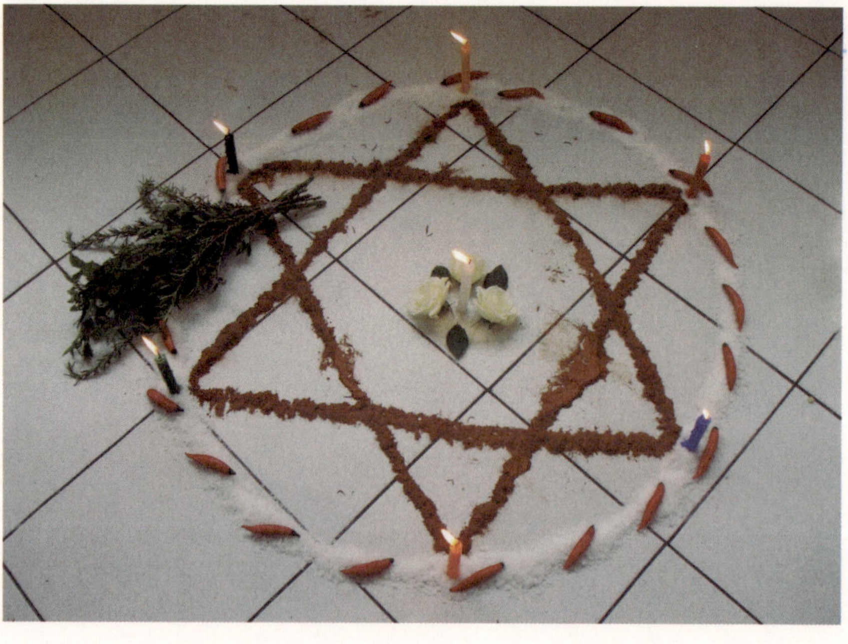

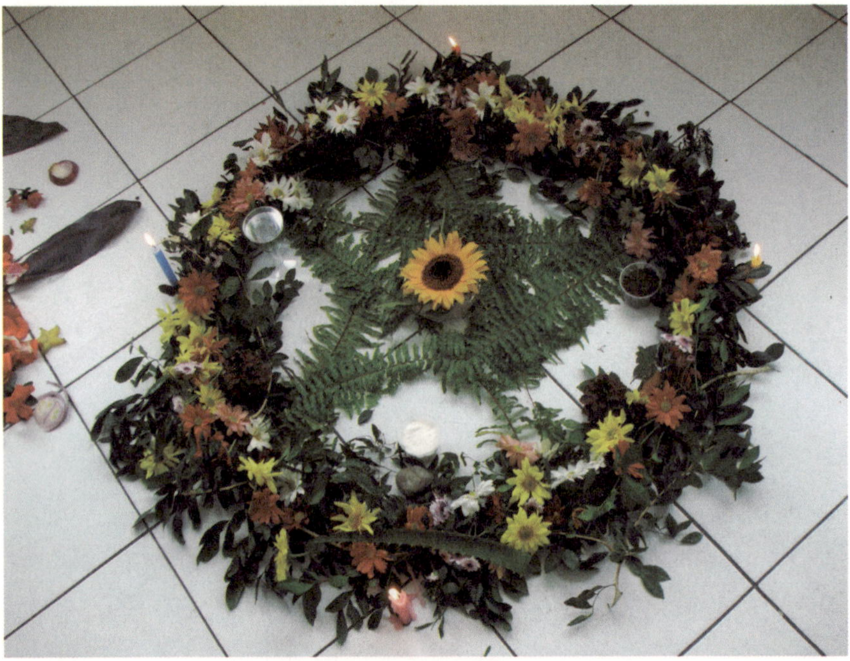

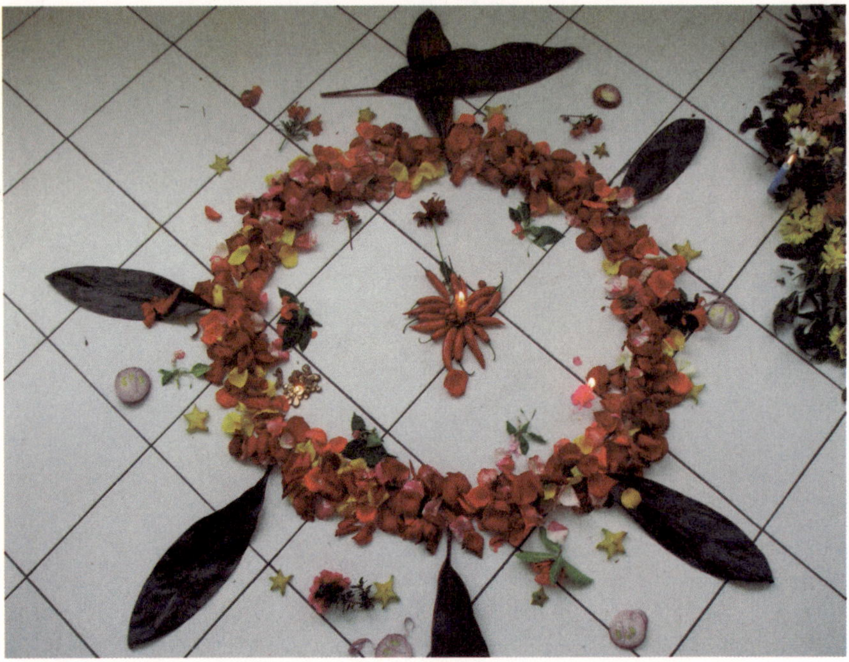

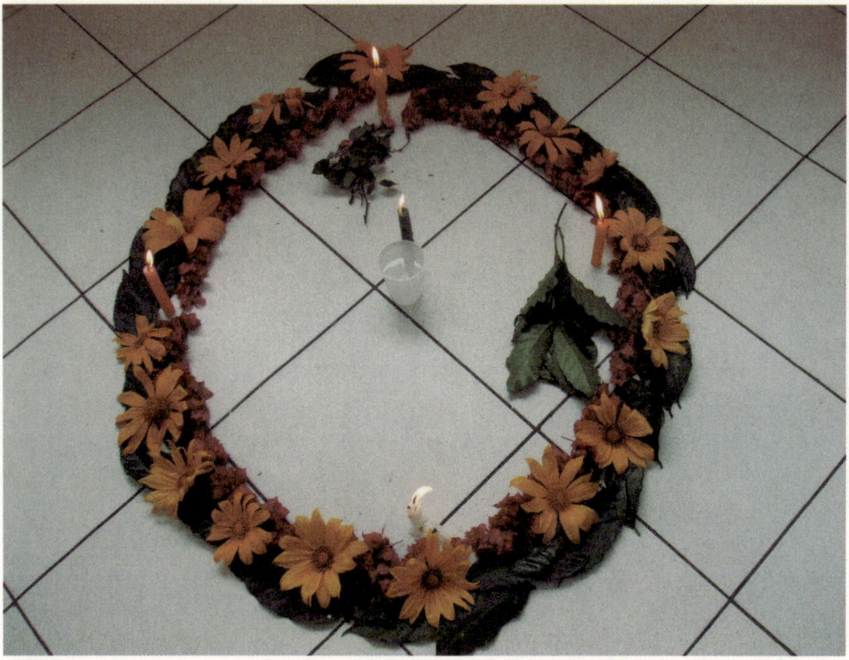

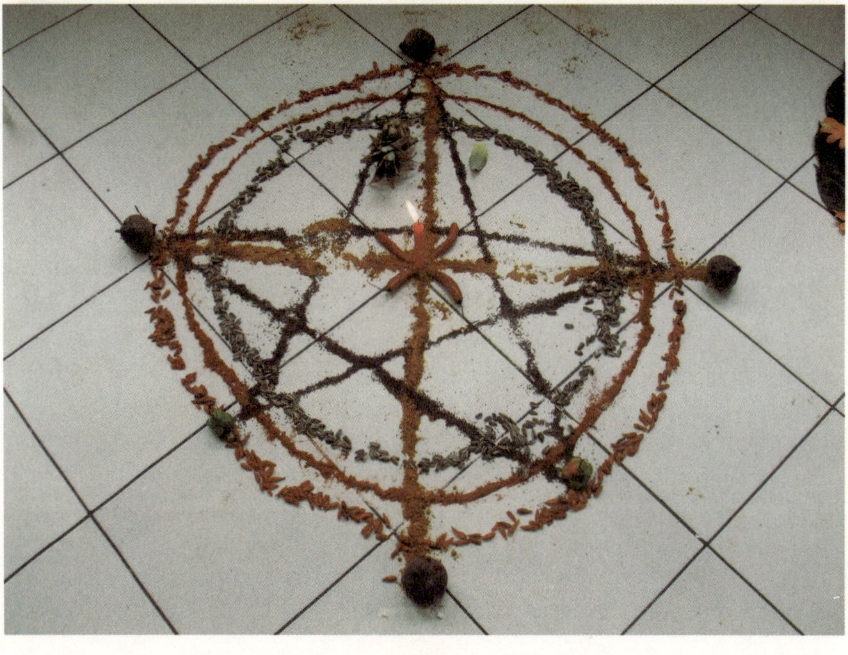

Espaços Mágicos Vegetais 187

MAGIA DIVINA DAS SETE ERVAS SAGRADAS

ESPAÇOS MÁGICOS VEGETAIS 189

Magia Divina das Sete Ervas Sagradas

Espaços Mágicos Vegetais 191

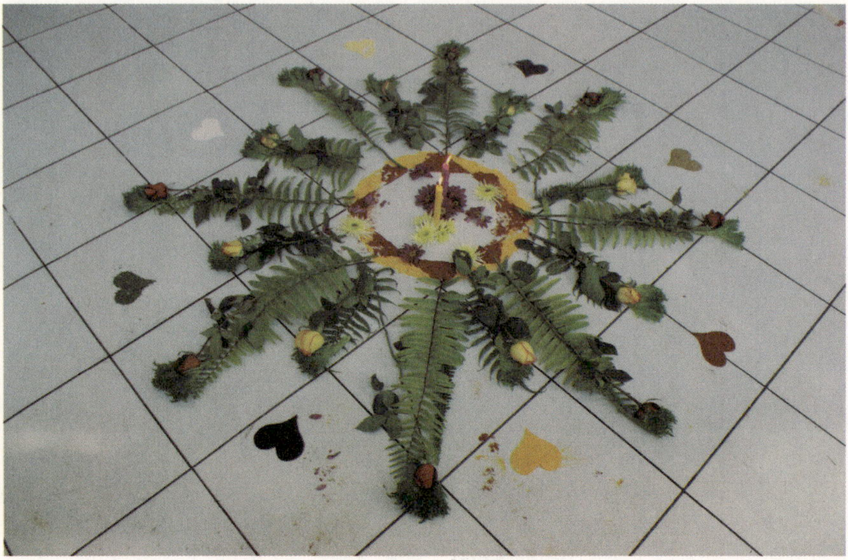

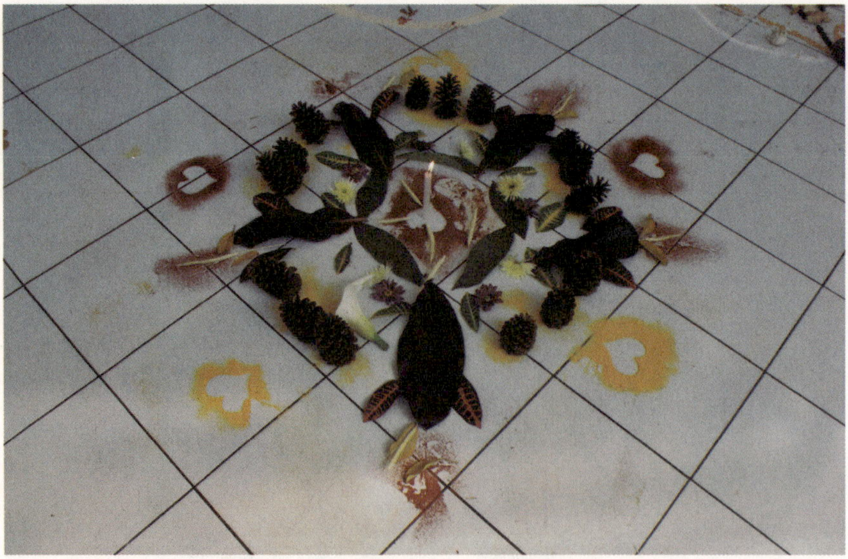

Espaços Mágicos Vegetais

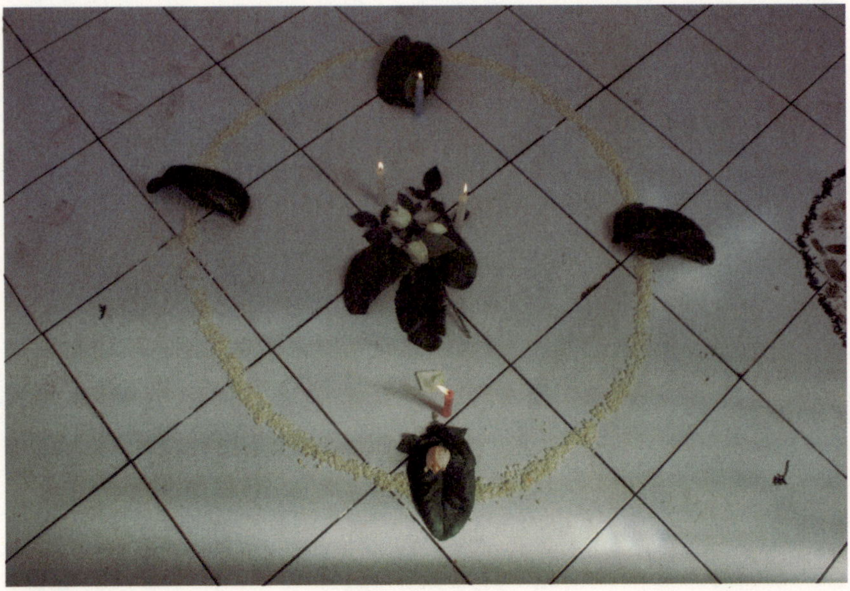

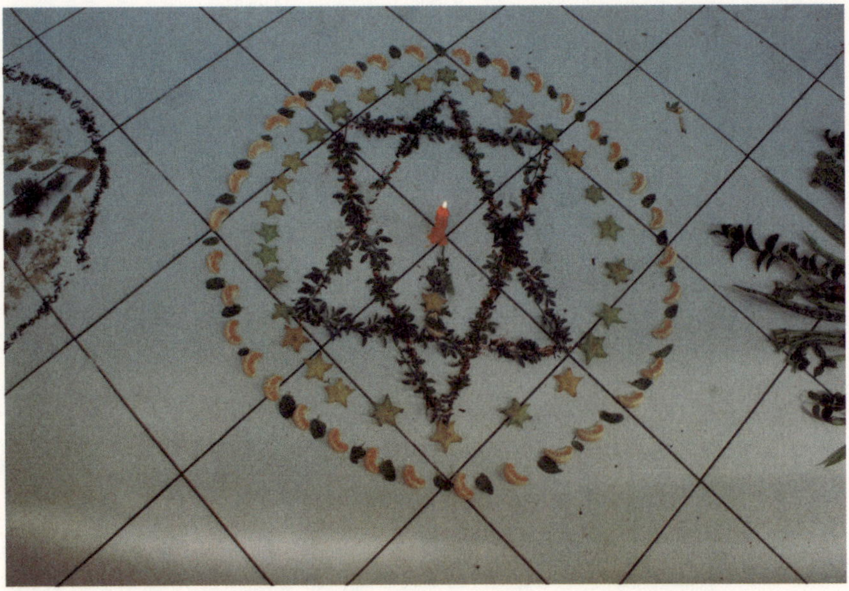

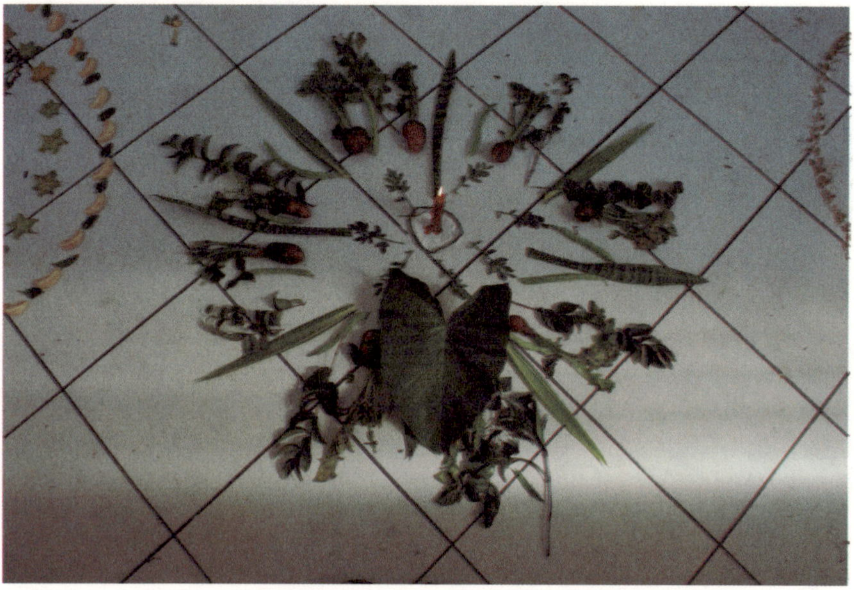

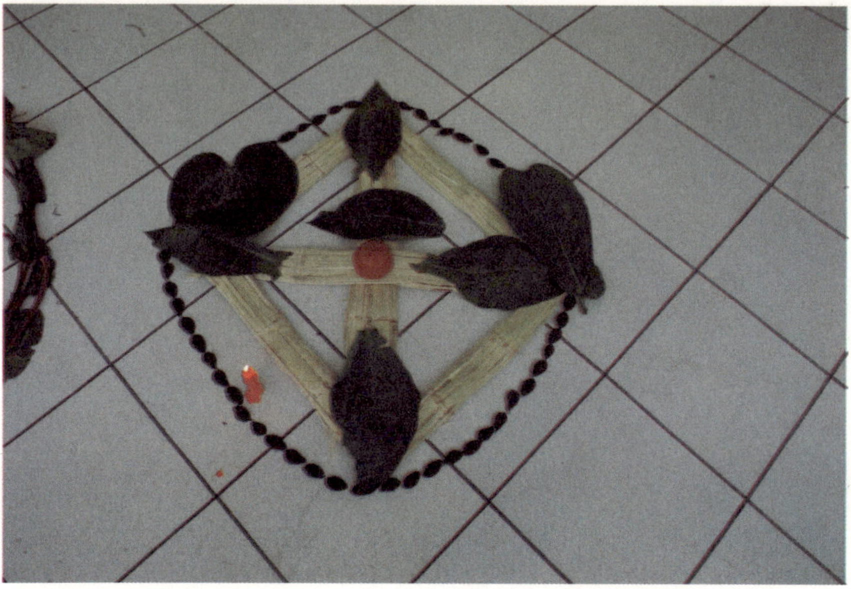

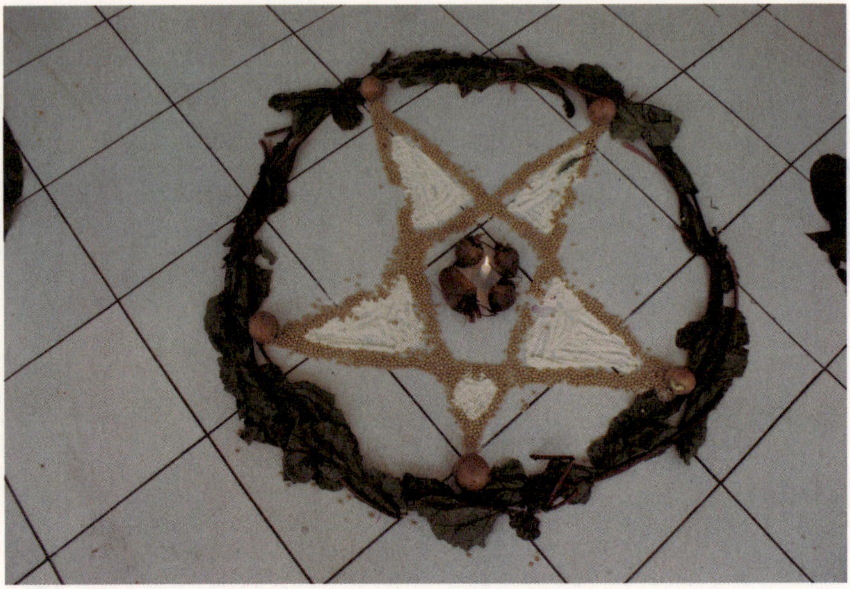

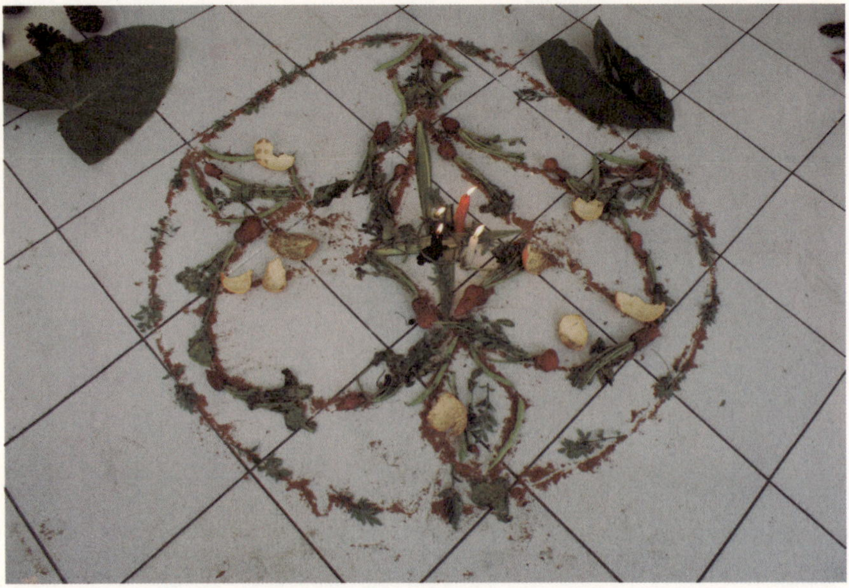

Espaços Mágicos Vegetais

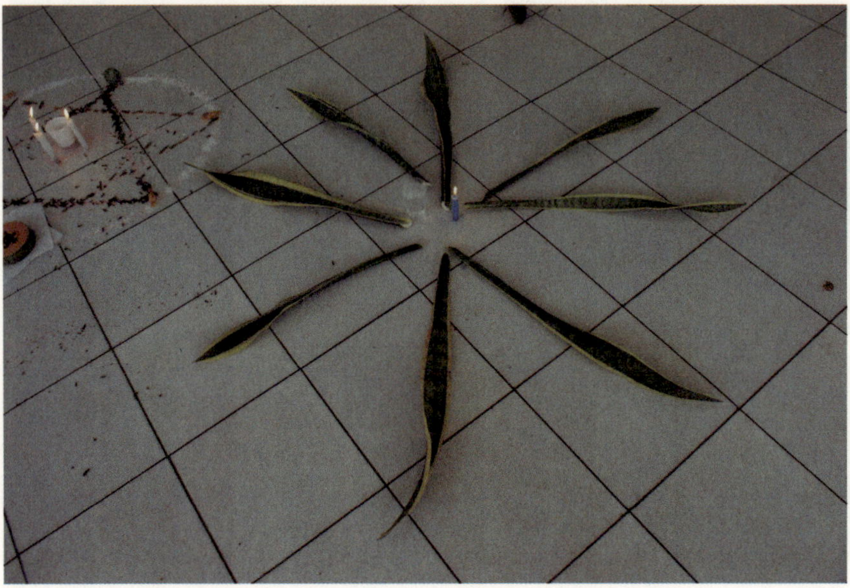

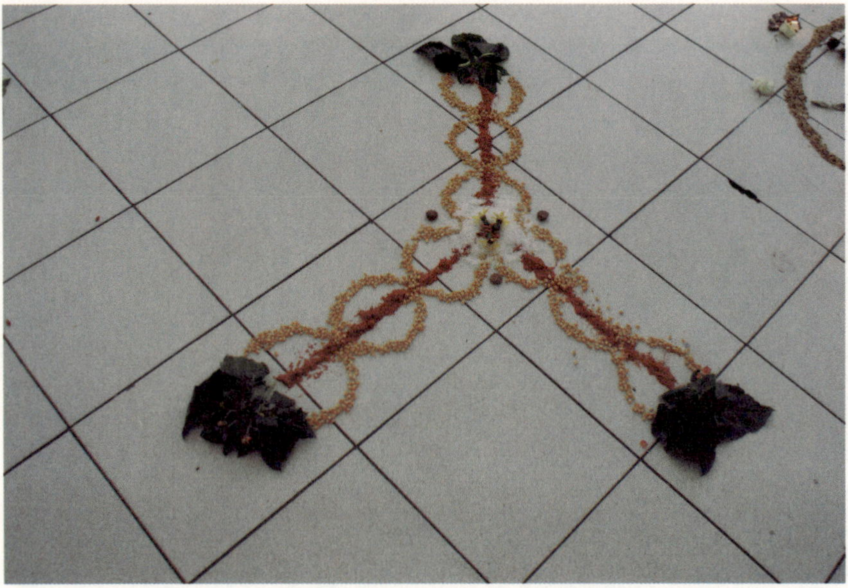

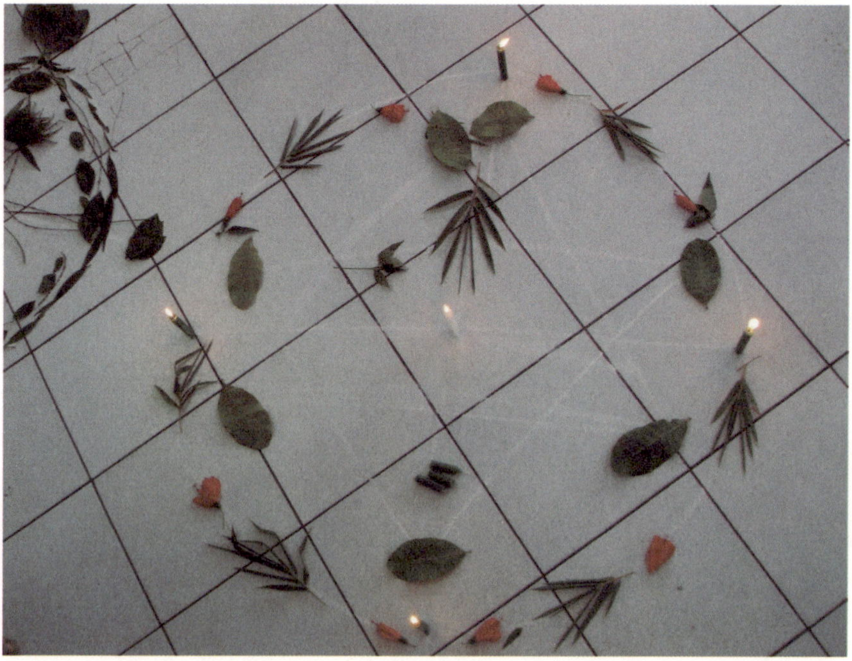

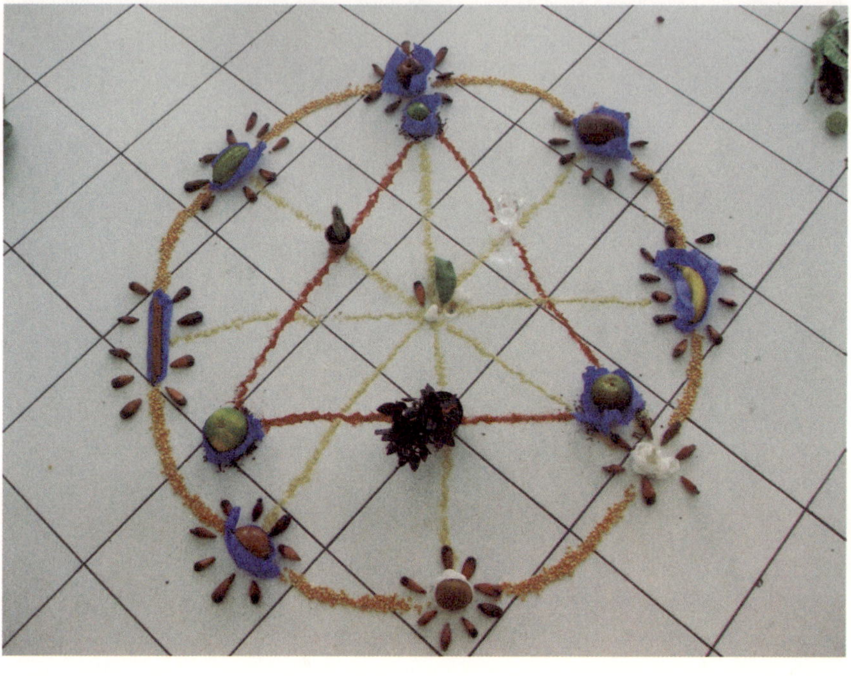

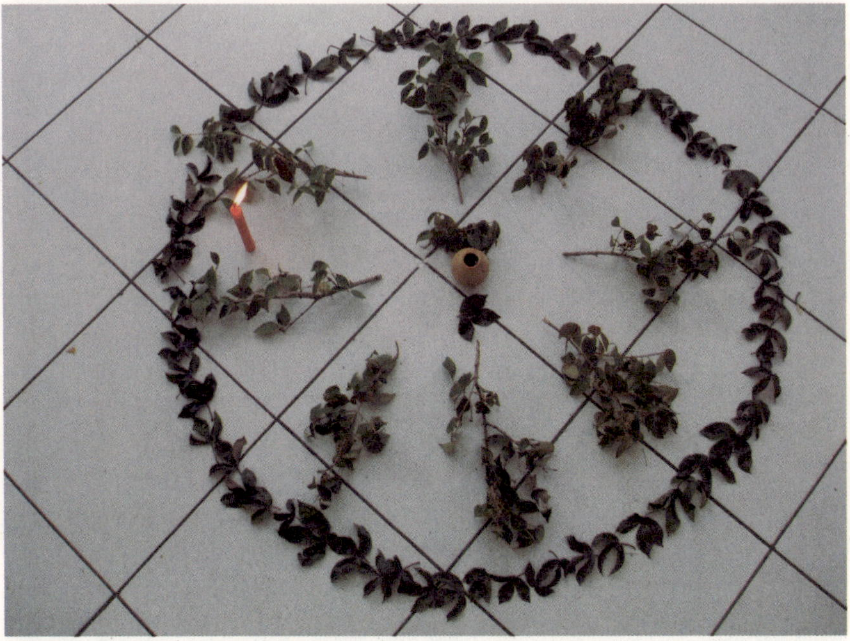

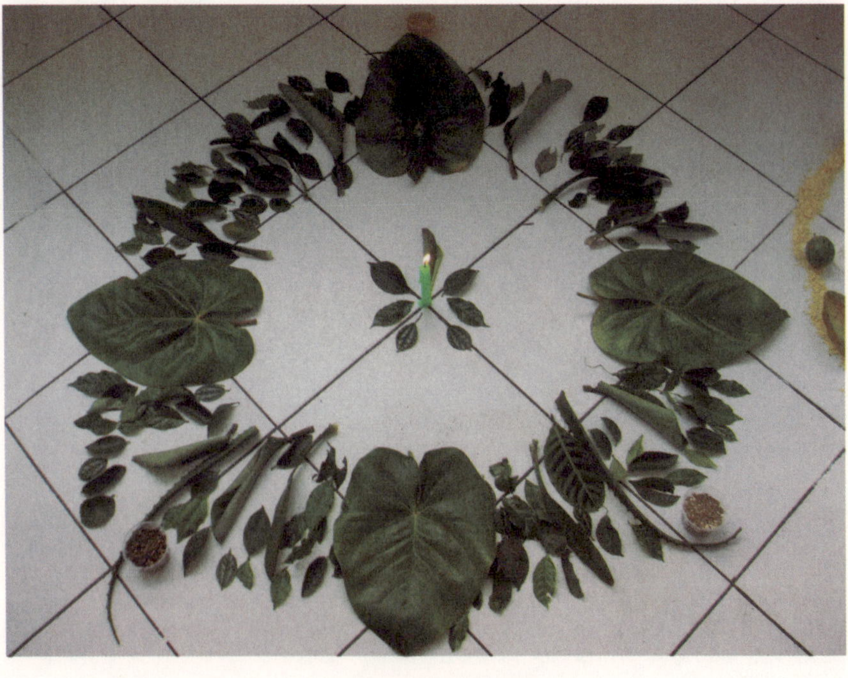